J. Wachler

Strudel der Donau

Nachrichten

J. Wachler

Strudel der Donau
Nachrichten

ISBN/EAN: 9783743395961

Hergestellt in Europa, USA, Kanada, Australien, Japan

Cover: Foto ©ninafisch / pixelio.de

Weitere Bücher finden Sie auf **www.hansebooks.com**

Nachrichten

von den

im Jahre 1778, 1779, 1780, und 1781.

in dem

Strudel

der

Donau

zur

Sicherheit der Schiffahrt

vorgenommenen Arbeiten

durch

die kaif. königl. Navigations - Direktion an der Donau.

WIEN,
bei Joseph Edlen von Kurzbeck
im Jahre 1781.

Inhalt.

Kapitel.		Seite.
I.	Von der Gegend des Strudels, und des Wirbels auf der Donau	3
II.	Von der Schiffahrt durch diese Gegend überhaupt.	5
III.	Von der Gefährlichkeit des Strudels, wie er noch im Herbste 1777. gewesen	6
IV.	Von vormaliger Sorgfalt für die Schiffahrtssicherheit durch den Strudel	7
V.	Von gemachten Vorschlägen	9
VI.	Von Verordnungen in Rücksicht auf die Strudelverbesserung	13
VII.	Von der wahren Lage der Strudelfelsen. 1777.	14
VIII.	Von beschlossener Strudelarbeit	16
IX.	Von nothwendigen Vorbereitungen	17
X.	Von Maschinen das Wasser zu schwellen.	19
XI.	Von nothwendiger Behutsamkeit bei und nach dem Sprengen unter Wasser	23
XII.	Von zweierlei Art die Felsen unter Wasser zu sprengen	26
XIII.	Von angefangener Strudelarbeit im ersten Winter 1777 — 1778.	29
XIV.	Von dem gefährlichen Seitenausfalle	31
XV.	Von Fortsetzung dieser Arbeit im zweiten Winter 1778 — 1779.	32

Kapitel.	Seite.
XVI. Von den Strudelarbeiten während dem Eisstoße	33
XVII. Von Fortsetzung der Strudelarbeiten nach dem Eisstoße	35
XVIII. Von einigen verunglückten Schiffen währender Strudelarbeit.	37
XIX. Von dem Vorkopf der Wörtherinsel	39
XX. Von fernerer Fortsetzung der Strudelarbeiten im dritten Winter 1779–1780.	40
XXI. Von der Beschaffenheit des Strudels im Monat Oktober 1780.	42
XXII. Von dem Hufschlag über das Wörtherufer	44
XXIII. Von Strudelarbeiten im vierten Winter 1780–1781	46
XXIV. Von den Arbeiten, die sich noch ferner am Strudel äußern könnten	48

An den Leser!

Die auf allerhöchste Verordnung zu Verbesserung der Schiffahrt unternommene Bearbeitung des berufenen Strudels wollte man durch öffentlichen Druck nur zu dem Ende bekannt machen, damit die Nachwelt von dieser wichtigen Unternehmung eine zuverläßige Nachricht habe.

Denn, weil die ganze Arbeit nur in Heraussprengung der schädlichen Felsen aus dem Grundbette des Strudelwassers bestehet, so kann hievon kein anders Merkmal, als die Abwesenheit der vormaligen Gefahr zurückbleiben; und Diejenigen, welche die Größe dieser Gefahr nicht gekannt, oder die wirkliche Arbeit nicht gesehen haben, werden bei der ungeheuren Menge der rauhen Felsen, die den Strom sowol, als beide Ufer noch anfüllen, und immer anfüllen werden, mittlerzeit kaum glauben können, daß da jemals eine Felsensprengung wirksam sey vorgenommen worden.

In dieser Absicht, gehen die gegenwärtigen Nachrichten über den Bezirk des Strudels, und über die Zeit der wirklichen Bearbeitung nicht viel hinaus. Von den Umständen voriger Jahren wird nur das nothwendigste berühret; und, damit man nicht Ursach habe dasjenige zu wiederholen, was in verflossenen Zeiten von dem Strudel ist erzählet, erdichtet und geschrieben worden, so hat

hat man im vorigen Jahre 1780 aus der Abhandlung von dem Meere des Hrn. Popovich jenen Theil, welcher die ganze Strudelgeschichte ausführlich enthält; in einer besondern kleinen Ausgabe mit von Kurzbeckischen Schriften den Liebhabern vorgelegt.

Um auch denjenigen, die von der Gegend des Donaustrudels, von der vorigen Lage der gefährlichen Strudelfelsen, und von der Manipulation die Steine unter Wasser zu sprengen keine vorläufige Kenntniß haben, diese Nachrichten begreiflicher zu machen, hat man nicht nur auf der ersten Kupfertafel die Gegend des Strudels überhaupt, auf der zweiten den geometrischen Grundriß des Strudels allein, wie er zuvor war; und auf der siebenten eben diesen Grundriß, wie er izt ist, in vergrößertem Maaßstabe vorgestellet, sondern auch in die Beschreibung der Manipulation einige anpassende Vignetten eingeschaltet. Endlich auf der dritten und vierten zwei Prospekte von dem Strudel; auf der fünften und sechsten zwei von dem Wirbel, welche zu größerer Deutlichkeit vieles beitragen werden, hinzugesezet.

I.
Von der Gegend des Strudels und des Wirbels auf der Donau.

Der Donaustrom, welcher in dieser ganzen Gegend die Gränzscheidung zwischen Unterösterreich und dem Lande ob der Enns bestimmet, ist von der Stadt Grein herab, zwischen rauhen felsigten Bergen eingeschloßen, und fließt bis zu dem sogenannten Raabenstein in einem Kanale beysammen. Das rechte mittägige Ufer gehört durchaus zu Unterösterreich; das linke mitternächtige zu dem im Lande ob der Enns gelegenem sogenannten Machlandviertel.

Unter dem Raabenstein * sondert sich vom Hauptstrome ein Seitenarm ab, der sich neben dem rechten Ufer hineinwendet, und nach einem sehr kurz zurückgelegtem Wege mit dem Hauptstrome wieder zusammen kömmt.

Dieser Seitenarm heißt der Hößgang, und das bergigte Dorf an dem rechten Ufer desselben führt eben den Namen. Die schmale, und lange Sandbank, gleich unter der Einfahrt in dem Hößgange, hat sich dazumal, da der Plan aufgenommen wurde, in eben dieser Gestalt und Größe gezeiget, in welcher sie da gezeichnet ist.

Der Hauptstrom, welcher gerade nach dem linken Ufer fortläuft, führt den Namen Strudel oder Strum, und die dazwischen liegende Insel, deren Länge sich nicht über vierhundert, die Breite aber nicht über zweyhundert Wienerklafter erstrecket, heißt der Wörth oder die Wörthinsel.

Am Vorkopf, am Ende, und an der mittägigen Seite dieser Insel läuft ein dichter Sandhaufen hinaus. An der mitternächtigen Seite befinden sich ungeheure Steinklippen, ein fürchterliches Ufer, und auf einem hohen Felsen, bei den noch übrigen Mauern des zerfallenen Wörtherschloßes, steht ein steinernes Kreuz **, welches den Herabfahrenden schon von Weiten in die Augen fällt, und sie der bevorstehenden Wassergefahr erinnert. Der mittlere Theil der Insel hat auf einer nicht unangenehmen Anhöhe fruchtbare Felder, und Wiesen mit einem Bauernhofe.

---

* Die Strecke von dem Raabenstein bis unter St. Nicola von B bis A sieht man auf der I Kupfertafel.

** Auf dem Prospecte des Strudels gegen Abend zeigen sich diese Felsen, mit den Mauern des Wörtherschloßes samt dem Kreuz.

Kaum fährt man durch den Strudel hinab, so zeiget sich am linken Ufer auf einem steilen, den zu Lande vorbeigehenden gefährlichem Felsen das alte Schloß Struden, oder Werfenstein *, und am Fuße dieses Felsens, längst der Donau hinab, der Markt Struden oder Strum, welcher beynahe eben so weit von dem Strudel, als dem Wirbel entfernet ist.

Gleich unterhalb des Hößgangarms, am rechten Ufer, steht wieder auf einem Felsen, so der Hausstein heißt, und bis gegen die Mitte der Donau hinreichet, ein alter Thurm, der noch mit einer Klofterdicken Mauer umgeben ist. Gerade gegenüber am linken Ufer, welches ebenfalls sehr steinigt ist, und der Langenstein genannt wird, sieht man die Mauern eines ähnlichen Thurms **. Zwischen diesem Langenstein, und dem Hausstein befindet sich der berufene Wirbel.

In ältesten Zeiten hieng der Hausstein mit dem rechten Ufer völlig zusammen. Mittlerzeit aber ist zwischen beiden durch die Felsen ein förmlicher drei und sechzig Klafterlanger Schiffartskanal *** ausgesprengt worden, welcher zwar noch heut zu Tag öfters ganz trocken ist, bey anwachsender Donau aber schiffbar wird, und den Hausstein, so wie der Hößgang den Wörth, zu einer Insel macht.

Man sieht also hier an dem Donaustrom in einer kaum fünf hundert Klafter langen Strecke, die Ueberbleibsel von vier Festungen, deren zwo, nämlich: die Schlößer Struden und Wörth, den Strudel; die andern zwo, nämlich: der Langenstein und der Hausstein den Wirbel in vorigen Zeiten so bedecket haben, daß man weder durch diesen, noch durch jenen, ohne Begünstigung dieser Oerter hat hindurch kommen können.

Unterhalb des Wirbels ist am linken Ufer der Ort und die Kirche St. Nikola; der Donaustrom aber fließt bis unter die Stadt Ybbs zwischen felsigten Bergen in einem ungetheilten Rinnsale sanft beisammen fort.

II.

---

* Dieses Schloß samt dem Markt Struden zeigt sich auf dem Prospekte des Wirbels gegen Morgen. Einige Mauern dieses baufälligen Schlosses, weil die davon herabstürzenden Trümmer den an Fuße des Berges stehenden Häusern immer Furcht und Schrecken verursachet hatten, werden im Jahr 1780 auf Verordnung hoher Stelle abgetragen.

** Den Hausstein sowohl, als den gegenüberstehenden Thurm sieht man auf beiden Prospekten des Wirbels. Die Mauern dieses Thurms, weil sie zum größten Nachtheil und Unterhalt der Geographie des Fortkommens im Wege stunden, und das Fortbringen der Schiffsile sehr beschwerlich machten, sind im Jahr 1776, so viel es nöthig war, abgetragen, und oben mit Steinbäumen beleget worden.

*** Dieser Kanal, welcher der Hueg, der Hueggang, oder das Loch genennt wird, erscheint auf beiden Prospekten des Wirbels.

II.
Von der Schiffahrt durch diese Gegend überhaupt.

Alle Naufuhren, das ist alle Schiffe und Fahrzeuge, welche abwärts gehen, müssen bei kleiner Donau unumgänglich durch den Strudel und Wirbel hindurch; indem der Hößgang dazumal nicht genugsam, der Lueggang aber gar kein Wasser hat.

Wenn die Donau groß ist, können die kleineren, nicht viel getauchten Fahrzeuge mittels des Hößgangs dem Strudel, und mittels des Luegs auch dem Wirbel ausweichen.

Die großen, schwer beladenen Naufuhren, wie die Kellheimer und Kletzillen, fahren auch bei größtem Wasser selten durch den Hößgang; durch den Lueg aber niemal. Wenn bei hohem Wasser Naufuhren durch den Hößgang kommen, so sind sie allezeit in Gefahr; denn, weil dazumal auch der Lueggang viel Wasser hat, mithin der Strom gewaltig dahin zieht *, wird sehr viel Mühe und Geschicklichkeit erfordert, damit sie dem Hausstein ausweichen, und sich noch in den rechten Stromstrich hineinzwingen.

Auch die durch den Strudel herabkommenden Schiffe haben Sorge zu tragen, und alle Kräfte anzuwenden, daß sie sich so hoch an dem linken Ufer halten, als nur immer möglich ist, um durch das Luegwasser von der sichern Naufahrt nicht auf die Seite gezogen zu werden.

Mit den Gegenfuhren oder Hohenauen, das ist, mit denjenigen Schiffen, die aufwärts gegen den Strom gezogen werden, hat es folgende Bewandniß: Bei großer Donau, da der Lueg- und Hößgang mit genugsamen Wasser versehen ist, geht der Hufschlag** oder Pferdsteig nicht nur von A bis B, sondern schon bei Ybbs angefangen ununterbrochen bis über die Wiese*** auf dem rechten Ufer fort, ohne daß man die Zugpferde jemal auf das andere Land übersetzen müsse. Bei kleiner Donau aber, da die Schiffe in dem Luegs- und Hößgang zu wenig Wasser haben, ist man gezwungen die Zugpferde dreimal über Wasser zu führen:

1. Un-

---

* Da die Vertiefung des Luegkanals ist vorgeschlagen worden, haben die Schiffsmeister aus Furcht, daß dieser Zug bei Wasser nicht noch gewaltiger werde, einhellig beschlossen, daß derselbe ohne Nachtheil der Schiffarth nicht viel über ein Schuh oder ½ Schuh können vertiefet werden.

** Hufschlag ist der gewöhnliche Namen des Weges auf den Ufern eines schiffreichen Stroms, über welchen die Zugpferde bei Gegenfahren herziehen.

*** Wiese ist ein kleiner Ort, der Stadt Grein gegen über.

1. Unter dem **Haußstein** bei C. von dem rechten an das linke Ufer.
2. Ober dem Markte **Struden** bei D. in die **Wörthinsel** hinüber.
3. Von dem **Wörth** bei E. über den **Hößgang**, wieder auf das rechte Ufer, wo sie über den **Raabenstein** bis zur Wiese hinauf einen sehr schlechten Weg haben.

III.
Von der Gefährlichkeit des Strudels wie er noch im Herbste 1777 gewesen.

Das Flußbett der **Donau** in dem Strudel ist mit einer Menge querhinüber liegender Felsen angefüllt, von denen die höchsten das **Bombengehäckelt** *, das **Waldsgehäckelt**, und das **Wildrißgehäckelt** bei niedrigem Wasser hervorstehen, und vermög ihrer Lage den Strom in drei verschiedene Rinnsale eintheilen, deren jeder (obwohl überhaupt der Name Strudel dem ganzen Strom beigelegt wird) seinen besondern Namen hat.

Derjenige, welcher an dem mitternächtigen Ufer anströmt, wird das **Waldwasser**, der gegenüber an dem Wörthufer, wird der eigentliche **Strudel**, der mittlere zwischen beiden erstgedachten Rinnsalen wird der **Wildriß** genennt. **

Bei sehr großem Wasser gehen die herabkommenden Schiffe ungehindert, ohne Schwierigkeit, ohne Gefahr über alle Felsen fort, bei mittlerm und kleinem Wasser aber, weil die Felsen dazumal nicht tief genug liegen, müssen sie durch einen aus den gedachten drei Rinnsalen hindurch, wo sie einen sehr schmalen, seichten und gefährlichen Weg haben.

Die gefährlichste Fahrt ist durch den **Wildriß**, indem man da nicht leicht ohne Scheiterung hindurch kömmt. Durch das Waldwasser fahren zu Zeiten die kleineren Fahrzeuge, sehr selten ein größeres. Die allgemeine Fahrtstraße ist von undenklichen Zeiten her der eigentliche Strudel. Eine Fahrtstraße, welche wegen der rauhen Felsen, zwischen denen sie nach der verschiedenen Höhe des kleinen Wassers öfters auf eine Breite von sieben bis fünf Klaftern eingeschränkt wird, und wegen häufigen Steinkluppen, die zwar immer mit Wasser bedeckt sind, aber sehr seicht liegen, ungemein fürchterlich ist.

Ueber einige dieser Felsen müssen die Schiffe gerade weg; bei einigen aber hart vorbeifahren.

Die

---

* Gehäckelt oder Hackelt werden nach der gewöhnlichen Redensart diejenigen Strudelfelsen genennet, die bei kleinem Wasser hervorragen, und einen größten Umfang haben; bei Kleinern wird der Name Kugel gegeben.

** Diese drei Rinnsale unterscheiden sich auf der II. Kupfertafel deutlich.

Die Tiefe der erstern, nämlich jener Klippen, über welche die Schiffe gerade darüber müssen, bestimmet die Tauchung, welche man einem Schiffe, um ohne Gefahr über die Felsen fortzukommen, geben darf. Im Monath November 1777. konnte ein über zwei Schuh getauchtes Fahrzeug unmöglich fortkommen, weil dazumal die sogenannte Maißenkugel eben nicht über zwei Schuh tief lag.

Die Lage derjenigen, die auf der Seite liegen, bestimmet die Naufahrt, oder die Richtung des Weges, den die Schiffe, um nicht anzustoßen, desto genauer halten müssen, je kleiner das Wasser ist.

Die durch alle diese Felsen verursachte Gefahr, wird durch die ungestümen bis vier Schuh hohen Wasserwogen, welche über die Seitenwände der Schiffe hinüberschlagen, und dieselben anzufüllen drohen: noch mehr aber durch den gewaltigen Seitenausfall zwischen dem Bombengehackelt und der Wolfskugel ungemein vergrößert. Denn dieser, da er fast den halben Strom gegen den Wildriß hinaustreibt, reißt öfters auch die Schiffe, wenn nicht alle mögliche Vorsicht gebrauchet wird, mit sich fort, und wirft den hintern Theil oder das Steuer an die Wolfskugel an, nicht ohne augenscheinliche Gefahr der Scheiterung. Da nun der mindeste Zufall, die geringste Veränderung des Windes, ein ungleicher Wasserstrom auch den erfahrensten Schiffmann außer Stand setzen kann, sein Fahrzeug immer in der sich vorgenommenen sicheren Richtung zu erhalten, so ist offenbar, welche Sorgfalt und Aufmerksamkeit, welche Anstrengung aller nur möglichen Kräfte, bei der Durchfahrt durch diese schreckbaren Felsen erfordert werden.

IV.
Von vormaliger Sorgfalt für die Schiffahrtssicherheit im Strudel.

Um bei dieser Gefahr die Schiffahrt nach Möglichkeit sicher zu stellen, sind theils von den Schiffern selbst; theils von Seite der betreffenden Obrigkeit verschiedene Vorsehungsmittel ergriffen, und in die Gewohnheit gebracht, auch gesetzmäßig vorgeschrieben worden.

Erstens: Ein fremder Schiffmann, der mit voller Ladung zu Grein anlanget, pflegt, bevor er weiter fährt, sich um die Tiefe des Wassers durch den Strudel fleißig zu erkundigen, und ladet, so er es nothwendig findet, einen Theil seiner Ladung freiwillig aus, welches man Schiften nennet, um mit weniger getauchtem Fahrzeuge sicherer über die gefährlichen Felsen fortzukommen. Die Vernachläßigung dieser Vorsicht und die sorglose Ersparung der kleinen Ungelegenheit, mit welcher das Aus- und Einladen verknüpfet ist, hat viele unglücklich gemacht.

Zweitens: Zur ferneren Sicherheit, in der Wasserfahrtstrasse ohne Gefahr fortzukommen, nimmt er einen andern erfahrnen Steuermann zu Hülfe, dergleichen man allda immer findet. Dieser, weil er die Lage aller Felsen, die Tiefe des Stroms, und einen jeden Wasserschwall genau kennt, leitet die ganze Fahrt; und nachdem er das Fahrzeug durch den Strudel und Wirbel um eine billige Löhnung hindurch geführt, läßt er sich bei St. Nikola durch eine kleine Zillen an das Land führen, und kehrt nach Grein zurück. Ohne einen solchen Steuermann darf sich ein Fremder in diese gefährlichen Orte nicht hineinwagen.

Drittens: Bei den Gegenfuhren, damit sie durch die fürchterlichen Strudelfelsen sicher hindurch kommen, wird nebst dem Zugs oder Hauptseil, woran die Schiffe gegen den Strom hinauf getrieben werden, noch ein anders an dem hintern, und ein drittes Seil an dem vordern Theil des Schiffs angebracht. Das zweite, welches Afterseil genennt, und von besondern Pferden (Afterpferden) gezogen wird, macht, daß der hintere Theil des Schiffs von dem Gegenschwall nicht hintan gerissen, und der vordere an das selbigte Ufer gefährlich angeworfen werde; das dritte, welches das Reitseil heißt, wird um die schon in Bereitschaft stehenden Reit- oder Haftstecken* mit dieser Vorsicht umgewunden, und geschickt entweder nachgelassen, oder angezogen, damit das Fahrzeug immer in erforderlicher Weite vom Ufer entfernet bleibe; und, wenn etwann das Hauptseil, welches in so reißendem Strome leicht geschehen kann, brechen sollte, fest erhalten, und der gewissen Gefahr entrissen werden möge.

Zu noch größerer Sicherheit wird öfters nicht nur allein das Reitseil verdoppelt, damit wenn eines abgewunden, und bei fortrückenden Gegenzuge auf den nächsten Reitstecken übertragen wird, das andre indessen aufgewunden bleibe; sondern auch an dem hintern Theil des Schiffes wird nebst dem Afterseil noch ein fünftes angebracht, und wie das Reitseil, um einen Reitstecken zu dem Ende umwunden, damit die Afterpferde, welche aus Unvermögenheit das Fahrzeug in seiner Richtung zu erhalten, öfters in Gefahr stehen in den Strom hineingerissen zu werden, durch diese Vorsorge in Sicherheit gesetzt werden.

Viertens: Weil die Leitung der Gegenzüge, und die Behandlung so vielerlei Stülwerks eine besondere Geschicklichkeit erfordert, sind schon von alten Zeiten her in dem Markte Struden immer geschickte geschworne Schiffleute, welche das Schiff Leiten, Kränzler; die andern, welche die Richtung des Schiffseils besorgen, Aufleger genennet werden, zu dem Ende und mit dieser Obliegenheit angestellt, daß sie das Wasser öfters sondiren, alle Veränderung desselben beobachten, alle neue Gebrechen der Schiffahrt anzeigen, auf dem Schiffwege die nothwendigen Streifbäume** und Haftstecken besor-

gen,

---

* Reit- oder Haftstecken sind diejenigen, an welchen die Fahrzeuge, wenn sie anlanden wollen, oder müssen, fest angebunden werden können.

** Streifbäume sind diejenigen, welche über Steinklüfte, Gebände, Schiffmühlen u. d. gl. hingelegt werden, damit die Schiffsleute, ohne Gefahr sich dazwischen zu verschlagen, frei darüber fortschleifen können. Auf dem Grundrisse des Strudels über die Fässer, und auf dem Prospekte des Wirbels gegen Abend, über den eingetragenen Thurm deren langen Streise sieht man solche.

gen, und die Gegenzüge durch den Wirbel und Strudel hindurch führen sollen, für welche Besorgung ihnen nebst dem, daß sie von der abgenommenen Pferdemauth einen gewissen Antheil ziehen, auch ein jeder Gegenzug für jedes Zugpferd eine schon bestimmte Zahlung, als einen verdienten Lohn zu reichen pfleget.

Fünftens: Weil zwei Schiffe, eines eine Naufuhr, und das andere ein Gegenzug, die im Strudel oder im Wirbel ungefähr einander begegnen, allezeit in größter Gefahr stehen, einander zu Grunde zu richten; so hat man gesucht zu verhindern, daß niemal zwei zusammen kommen. In dieser Absicht ist schon vorlängst der schärfeste Befehl ergangen, daß jede Gegenfuhr oder Hohenau (sobald sie unter dem Hausstein anlanget, bei dem Mauthamte Struden sich geziemend melde; dieses Amt aber durch eigens ausgeschickte Bothen in zweien Orten, nämlich ober der Stadt Grein im so heissenden Saurießel; und unterhalb bei dem Greinerschwall, eine von weitem sichtbare Fahne aufstecken lasse, zum Zeichen, daß dermal eine Hohenau im Anzuge sey, folglich jede Naufuhr sich enthalten solle, ehe in den Strudel hineinzufahren, bevor nicht die gedachte Hohenau über den Raabenstein wird hinauf gekommen seyn. Damit dieser Verboth wirksam sey, ist eine bestimmte Geldstrafe darauf gesetzet, welche die, so dawider handelten, ohne Nachsicht zu erlegen haben.

Sechstens: Auch die wirklich Verunglückten hatten immer noch eine kleine Hülfe in ihrem größten Elende zu hoffen. Denn die Einwohner des dem Donaustrudel sehr nahe gelegenen Marktes Struden, und des Dorfes Hößgang, welche entweder Schiffleute, oder Fischer sind, halten immer etwelche Fischerkähne an den beiderseitigen Ufern in Bereitschaft. Fällt nun im Strudel, oder Wirbel eine Verunglückung vor; so sind diese Kähne die ergiebigste, und geschwindeste Hülfe, die auf dem Wasser herabschwimmenden Ueberbleibsel der gescheiterten Schiffe aufzufangen.

Durch diese Sorgfalt wurden zwar sehr viele Menschen und Geräthschaften vor dem Untergange gerettet, allein die wesentliche Gefahr, die Unsicherheit und die Furcht blieb immer.

V.
Von gemachten Vorschlägen.

Damit die Gefahr in dem Strudel mit Ernste gehoben, und der Schiffahrt eine wahre Sicherheit verschaffet werde, sind öfters Vorschläge gemacht worden, welche, so verschieden sie auch sind, sich in zwo Klassen theilen lassen.

Einige wollen die gewöhnliche Fahrtstraße durch den Strudel beibehalten, und a entweder denselben durch Heraussprengung der schädlichsten Felsen reinigen, und vertiefen, oder b den durch drei Rinnsale getheilten Strom einschränken, und durch oberhalb angelegte Treibbuhnen mehr Wasser in den eigentlichen Strudel einleiten.

Andere waren gesinnet, die dermalige Fahrtstrasse zu verlassen, und dieselbe entweder

c durch das Waldwasser oder
d durch den Hößgang oder
e durch Beihülfe eines neu zu grabenden Schiffahrtskanals mitten durch die Wörthinsel hindurch zu führen.

Das Wesentliche eines jeden dieser Vorschläge insonderheit, und auch zugleich die Ursach, warum man die Beibehaltung der gewöhnlichen Fahrtstrasse, und die Heraussprengung der gefährlichsten Felsen gewählet hat, bestehet in folgendem.

a Weil die Schädlichkeit der Schiffahrt durch den Strudel in der Menge der gefährlichen Felsen bestehet, und die allgemeinen Klagen immer nur die Hauptklippen dieses Orts betroffen haben, so scheint die Hinwegsprengung derselben das natürlichste, einfacheste, sicherste Mittel zu seyn. Denn

1tns Durch diese Sprengung wird das Uebel unmittelbar bei der Wurzel angepackt, und die wesentliche Gefahr, mithin auch die Ursach so vieler Klagen, wird in eben jenem Maaße unfehlbahr vermindert, in welchem diese Felsen hinweggebracht werden.

2tns Die Hinwegsprengung dieser Hauptklippen muß nicht auf einmal durch übertriebene Kösten erzwungen, sondern kann aus was immer für einer Ursach, ohne Vergrößerung der Gefahr, unterbrochen, zu einer andern Zeit wieder angefangen, und also nur nach und nach mit mäßiger Verwendung ausgeführet werden.

3tns Wenn man mittlerzeit, nachdem die Hauptklippen, auf deren Beseitigung sich die Wünsche der Schiffahrenden bisher beschränkt haben, aus dem Strudel werden herausgesprengt seyn, finden sollte, daß die Einfahrt, oder die Durchfahrt durch den Strudel noch nicht vollkommen hergestellet wäre, so ist man doch versichert, daß sie beträchtlich, nach Maaß nämlich der herausgesprengten Felsen, verbessert sey, und daß nach der Art, wie der Anfang gemacht ist, eben mit den mäßigsten Kösten, auch noch die übrigen Anstöße werden hinweggeschafft, und eine vollständige Sicherheit der Schiffahrt hergestellet werden.

4tns Nach zu Ende gebrachter Heraussprengung der Felsen wird der gereinigte Strudel weder eine Erhaltung, noch eine Reparation erfordern, welche sonst die Wasserarbeiten ungemein kostbar zu machen pflegt.

b Wenn bei kleiner Donau das ganze durch drei Rinnsale zerstreute Wasser in dem eigentlichen Strudel beisammen wäre, sollte man zwar glauben, die Schiffahrt würde durch die vermehrte Wassermenge hinlänglich verbessert werden. Allein da 1mo das häufiger in den Strudel hineingeleitete, und aufgeschwellte Wasser auch desto schneller fortströmt, mithin die Tieffe der Naufahrt * nicht viel vermehren kann;

da 2do Die gefährlichen Strudelfelsen, welche die einzige Ursach so vieler Unglücksfälle gewesen sind, bei dieser Einschränkung in ihrer vorigen Lage und Höhe verbleiben, so würde nicht nur die Strudelgefahr durch diesen Vorschlag wesentlich nicht gehoben, sondern die ohnehin fürchterliche Fahrtstrasse müßte nach Maaß der vermehrten Geschwindigkeit noch schreckbarer, und die Durchfahrt gefährlicher werden. Die Naufahren würden, wegen Unvermögenheit ihre Fahrzeuge bei so schnellem Lauf zu lenken, öfters in die Nothwendigkeit versetzet werden, sich mit größter Gefahr der Willkühr des Stroms zu überlassen; und den Gegenzügen, welche niemahl ohne größte Mühe durchkommen, würde der vermehrte Widerstand des viel heftiger als zuvor reißenden Stroms ungewöhnliche Schwierigkeiten verursachen.

Wenn man ferner die hiezu erforderlichen Wassergebäude, den ungeheueren Damm, der den ganzen Fluß höher spannen, und die Fangbuhnen, die das zerstreute Wasser zusammen leiten sollen; wenn man die ungewisse Dauer dieser Gebäude, die kostbare Unterhaltung, und beständige Nacharbeit, die nach jedem Eißstoße, nach jeder Ueberschwemmung unentbehrlich seyn würde, in Betrachtung zieht, sieht man unschwer, daß dieser Vorschlag eben so wenig das wohlfeilste, als das sicherste Mittel zur wahren Strudelverbesserung seyn könne.

c Die Einleitung des Hauptstroms in den Hößgang ist bei dem ersten Anblick der Gegend, bevor man das Flußbett untersucht, ein auffallender Gedanke, welcher schon öfters vorgeschlagen worden, aber nach eingesehenen Umständen niemal einen Beifall gefunden hat. Denn

1mo Da die Einleitung des Hauptstroms in den Hößgang durch Wasserbauwerke geschehen müßte, welche das Wasser dem Strum entzögen, und dem Hößgang zutrieben, so kömmt hier wieder alles dasjenige zu erwegen, was erst oben von Einschränkung der Donau in Beziehung auf die Errichtung, auf die Dauer und Reparatur der Dämme und Fangbuhnen ist angeführet worden.

2do Aus der sichtbaren Beschaffenheit der Gegend läßt sich leicht urtheilen, daß das Flußbett in dem Hößgang eben auch sehr felsigt sey. Im vorigen Jahre ist solches durch die Erfahrung bestättiget worden, indem den 9ten Juni 1779 eine beladene Naufuhr, die sich etwas zu nahe am rechten Hößgangufer gehalten hat, an einem zuvor verborgenen Felsen, und nachdem sie von diesem los geworden, auf noch andere, die in der Reihe hintereinander lagen, jedoch ohne besondern Schaden aufgesessen ist. Diese Felsen,

---

* In einer Vertiefung, welche man sonst bei Einschränkung eines Stroms zu hoffen pflegt, darf man in diesem felsigten Flußbette nicht gedenken.

sen, welche von dem anwachsenden Wasser ausgewaschen worden sind, waren damals vier Gmind oder zwei Schuh unter Wasser, acht bis neun Schuh lang, und bis drei Klafter vom Ufer entfernt.

d Eine gereinigte Durchfahrt durch das Waldwasser würde für die Naufuhren sehr gut seyn, indem der Strom selbst gerade darauf zufällt. Allein die hiezu nothwendig vorzunehmenden Arbeiten machen sehr viel Umstände; denn nebst Hinwegsprengung vieler Felsen aus dem Grundbette, müßten auch zwo aus Quaterstücken zusammgesezte Steinwände, eine an dem mitternächtigen Ufer, von dem untersten Felseneck bis zum Giesenbach, in einer Strecke von hundert und zwanzig Klafter, die andere über das Waldgehäckelt errichtet werden, damit der Strom, welcher mit voller Macht in eine felsigte Krümmung hineinfällt, in schicklicher Richtung erhalten werde, und die Naufuhren zwischen diesen zwoen Wänden, gleichsam in einem förmlichen Schiffahrtskanal, eine sichere Fahrtstraße hätten.

Es war auch schon beschlossen, Anfangs für die Naufuhren durch das Waldwasser eine bequeme Fahrtstraße zuzurichten, und alsdenn für die Gegenfuhren das Nöthige in dem eigentlichen Strudel zu besorgen. Im Jahre 1775 ist auch wirklich schon Hand angelegt, und eine Anzahl Felsen von dem Grundbette herausgesprengt worden. Allein, weil das damals sehr kleine, dieser Arbeit außerordentlich günstige Wasser bald aufhörte, so ist zugleich die Arbeit in dem Waldwasser unterbrochen, auch künftig nicht mehr betrieben worden; indem man nach genauer Erwegung sich überzeuget fand, nützlicher die Hand in dem eigentlichen Strudel zu verwenden, theils weil die Hilfe in dem Waldwasser nicht so einfach ist, und nebst den Steinsprengungen noch kostbare Steinmauern erfordern würde, theils weil nach genugsam herausgesprengten Felsen, nach errichteten Steinwänden, doch nur die Naufuhren eine sichere Fahrtstraße hätten; die Gegenzüge aber, indem sich über die Felsen des Waldwassers, ohne sehr großen Kostenaufwand, ein Hufschlag nicht würde herstellen lassen, bei kleinem Wasser immer durch den Strudel, und zwar wegen zertheilten Wasser mühsamer als zuvor, den Weg nehmen müßten.

Es wurde demnach von dem Vorhaben das Waldwasser zu bearbeiten gänzlich abgegangen, und alle Kräfte auf die Verbesserung des eigentlichen Strudels verwendet, um sowohl den Gegen- als Naufuhren einen gemeinschaftlichen destomehr versicherten Weg zu verschaffen.

e Von dem Vorschlag einen Schiffahrtskanal durch die Wörthinsel hindurch zu führen, wird es genug seyn, angemerkt zu haben: daß sich in dem Grunde dieses Kanals keine geringere Menge Felsen als in dem Strudel selbst zeigen, welche mittlerzeit eben so, und vielleicht mit noch größeren Kösten müßten herausgesprengt werden. Man kann noch hinzusetzen, daß eine sichere Einfahrt in diesen Kanal, wenn

wenn er wirklich ausgegraben wäre, sehr schwer und nur durch kostbare Fangsporren oder Einleitungsbuhnen zu verschaffen seyn würde.

Durch diese Anmerkungen scheint die Ursach, warum vorzüglich die Felsensprengung in dem eigentlichen Strudel ist gewählet worden, ohne weitere Bewegungsgründe anzuführen, genugsam entwickelt zu seyn.

Auch die in ältern Zeiten zur Verbesserung des Strudels vorgenommenen Bemühungen bestunden in Sprengung und Erniedrigung dieser Felsen, welche dazumal noch viel höher, folglich der Schiffahrt noch viel gefährlicher werden gelegen seyn.

Bei der dermaligen Bearbeitung des Strudels hat man hievon sichere Merkmale entdecket; indem sich auf der Oberfläche der herausgesprengten Felsen verschiedene eingehauene Vertiefungen zeigen, und noch einige abgebrochene, und darinnen zurückgebliebene Trümmer von eisernen Brechstangen, in der Länge von drei bis vier Zoll, gefunden worden, deren abgebrochene Theile von dem unaufhörlichen Anstoß des schnellen Stroms und des mitgeführten Sandes durch die Länge der Zeit eben so vollkommen, als die Oberfläche der Felsen, in denen sie steckten, abgeschliffen waren.

VI.
Von Verordnungen in Rücksicht auf die Strudelverbesserung.

Im Jahre 1777, welches sich mit häufigen Verunglückungen der Schiffe besonders ausgezeichnet hatte, brangen die vervielfältigten Klagen der Schiffleute wider den Strudel nachdrücklicher als jemals bis zum höchsten Throne hinauf, und die gutthätigste Monarchinn geruhete allergnädigst der aufgestellten Navigationsdirektion an der Donau aufzutragen, sich mit wirksamen Eifer auf eine ernstliche Abhilfe dieses der Schiffahrt so nachtheiligen Anstoßes zu verwenden.

Es wurde nämlich durch ein unter dem 25ᵗᵉⁿ Oktober 1777 ausgefertigtes nied. Oest. Regierungsdekret der Befehl ertheilet, daß von Seite der Navigationsdirektion mit Zuziehung der benachbarten Schiffmeister und Nauführer, vorzüglich aber des k. k. Salzbeförderers zu Enghaagen die Schiffahrtsgefährlichkeiten im Strudel ohne Verzug in Augenschein genommen, dabei das Nöthige vorgekehret, zur Hinwegräumung derselben bei thunlichen Umständen Hand angeleget, und über den geleisteten Vollzug der Bericht erstattet werden solle.

Diesem hohen Auftrag zufolge haben sich der Navigationsdirektor mit dem in Struden angestelltem Navigationsingenieur, der k. k. Salzbeförderer und Kontrolor von Enghaagen mit den erfahrensten Salzführern, die benachbarten Schiffmeister mit den geschicktesten Nauführern und Kränzlern den 31 Oktober 1777 beim Strudel eingefunden.

Da allen Gegenwärtigen nicht nur die ganze Gegend überhaupt, sondern so zu sagen die Lage eines jeden Steinfelsen ohnehin schon vollkommen bekannt war: da die Strudelverbesserung als ein in ihr Fach einschlagendes Geschäft schon vorhin öfters ein Gegenstand ihrer Betrachtungen, und vieler Unterredungen gewesen, so war keine lange Untersuchung, keine weitläufige Ueberlegung, oder Gegeneinanderhaltung der in vorigen Zeiten gemachten Vorschläge, keine Prüfung der obenangeführten Ursachen nöthig.

Der einhellige Schluß fiel gleich anfangs ohne allen Widerspruch dahin aus, daß, um den Strudel wirksam zu verbessern, nichts vortheilhafteres könne unternommen werden, als die Heraussprengung der gefährlichsten Felsen, und die Abwendung des schon obengedachten Seitenausfalls. Das Ganze kam nur darauf an, daß die Tiefe der Felsen nochmal genau sondiret, und alsdann bestimmet werde, bei welchem der Anfang zu machen wäre.

Es waren eben dazumal zwei Schiffe im Strudel; eine Naufuhr mit leeren Fässern beladen, stand schon drei Tage auf der Wolfskugel, wo sie durch einen unglücklichen Anstoß ein Loch bekommen hatte, und eine Gegenfuhr mit Wein, weil sie zu tief getauchet war, stand auf der Maißenkugel. Diese zwei Schiffe, weil sie unbeweglich und an den gefährlichsten Plätzen des Strudels standen, gaben die beste Gelegenheit alle schädlichen Steinklippen, so um diese Schiffe herum lagen, viel genauer und auch bequemer als jemals zu sehen, und in wenigen Stunden mehrere Umstände zu bemerken, als sonst in mehreren Tagen nicht hätte geschehen können.

Da die Navigationsdirektion nicht nur von dieser Gegend insgemein, sondern auch insonderheit von dem Strudel eine geometrische Stromkarte bei Handen hatte, wurden die schädlichen Steinklippen, obwohl sie schon zuvor auf dem Plan aufgetragen, und theils mit Buchstaben, theils mit jenen Benennungen, die ihnen von den Schiffleuten pflegen gegeben zu werden, angezeigt waren, noch genauer nach der Natur und nach der wahren Lage bestimmet, um nach der Beschaffenheit, und Maaße der Felsen die Abhülfsmittel bestimmen zu können.

VII.
Von der wahren Lage der Strudelfelsen.

Die Felsen im Strudel sind nicht einzelne schmale Felsen, wie man aus ihren Benennungen: Maißenkugel, Marktkugel, Wolfskugel ꝛc. schließen könnte, sondern Hervorragungen des durchaus felsigten Flußbettes, welche, weil ihre höchsten Theile vom Sande und Wasser sehr glatt abgeschliffen, und unter klarem Wasser bei ruhiger Witterung gleichsam kugelförmig erscheinen, von den Schiffleuten so genennet werden. Die berühmte berühmtesten derselben zeigen sich bei der Durchfahrt durch den Strudel in nachstehender Ordnung.*

1tens Gleich bei der Einfahrt in den Strudel in der besten Fahrtstrasse liegen fünf gefährliche Steinkugeln, auf dem Grundrisse mit A a a a a bezeichnet. Ueber eine aus diesen müssen die Schiffe unumgänglich fort, und im Monat November lagen sie nur zwei ½ Schuh tief.

2tens Etwas unterhalb zur Linken nahe an der Fahrtstrasse liegt die sogenannte Marlkugel, welche aus zwei ungeheuern Felsenstücken BB zusammen gesetzet schien.

3tens Noch weiter hinab sind ebenfalls zur Linken die Dreispitzen, welche mit dem Bombengehäckelt zusammenhängen. Bei diesen dreien, besonders bei C müssen die Schiffe hart vorbei fahren.

4tens Rechterhand am Wörthäuser bei dem grossen Rosskopf, von den Dreispitzen gegenüber, sind viele schichtenweise an einander hangende Felsen HH, welche nicht nur die Strombahn schmälern, sondern als eine natürliche Steinwehr das Stromwasser gegen den Wiloriss hinauswerfen, und also den schon beschriebenen gefährlichen Ausfall L befördern.

5tens In der Mitte des Strudels, in der besten Naufahrt, liegt die Maissenkugel G; welche aus einem sehr grossen, und zweien minder grossen Felsen besteht. Ueber diesen dreifachen Steinhaufen mussten die Schiffe unmittelbar darüber fahren, und zu derselben Zeit waren sie kaum über zwei Schuh tief.**

6tens Unterhalb der Maissenkugel ist zur Linken die berühmte Wolfskugel I, welche zwar seitwärts, aber doch so liegt, dass der hintere Theil der Naufuhren oder die Steuer öfters mit Gefahr darüber fortschleifen muss. Sie ist die weitschichtigste in ihrem Umfange.

7tens Mit der Wolfskugel I hängt eine lange Reihe Steinklippen, die sogenannte Hut DD zusammen, welche sich abwärts, in einer Tiefe von zwei Schuh zwei Zoll, durch mehr als den halben Strom erstrecket. Ueber den untersten Theil dieser Hut mussten die Schiffe eben so, wie über die Maissenkugel unumgänglich fahren.

8tens Gerade von der Hut gegenüber nahe am Wörthäuser, der kleine Rosskopf genannt, liegt wieder schichtenweise eine Reihe Felsen EE, und gleich unterhalb

---

* Auf dem Grundrisse des Strudels sind alle diese Gegenstände deutlich angewiesen.
** Die mit M N O P bezeichneten Felsenstücke werden erst damals entdecket, nachdem die Maissenkugel vollkommen weggesprengt war.

9tens Bei der Ausfahrt des Strudels eine andere fast ähnliche KK, welche weil sie sehr seicht sind, die Gegenfuhren zwingen, sich in den Hauptschwall hinaus zu tauchen, und der ganzen Macht des Stroms entgegen zu arbeiten.

10tens Unterhalb des eigentlichen Strudels neben, und zuweit des Wildrißgehäckelt ist wiederum ein großer Fels, der das Roß genannt wird, und

11tens Vom Roß gegenüber reicht ein großes Felsenstück, der Keller genannt, vom rechten Ufer in den Strom hinein. Diese zwei Felsen, das Roß und der Keller könnten den Schiffenden noch dazumal, da sie schon glücklich durch den Strudel hindurch gekommen sind, eine Furcht verursachen, wenn sie nicht kurz vorhero eine viel größere Gefahr überstanden hätten.

12tens Etwan fünfzig Klafter unter dem Roß, nachdem das Waldwasser aus seinem Rinnsale ausgetreten, ist eine lange Reihe von Felsen, oder ein Felsenrücken, bei dem Geländer genannt, welcher sich schief bis in die Mitte des Flußbettes hin erstrecket. Das Wasser aus dem Wildriß und aus dem Strudel hat eine sehr anstößige Richtung gegen diese Felsen, welche aber von dem Waldwasser, so an der obern Seite der gedachten Felsenreihe vorbeiströmt, zum Vortheil der durch den Strudel herabkommenden Schiffe gebrochen, und hinweggedrängt wird.

VIII.
Von beschloßner Strudelarbeit.

Obwohl ein jeder von den bemerkten Strudelfelsen einem jeden Fahrzeuge gefährlich werden kann, so wußte man doch aus sicheren Erfahrungen, daß den Gegenzügen gemeiniglich die Maißenkugel, und den Naufuhren die Wolfskugel die nachtheiligsten gewesen. Die erste zwar wegen ihrer schon angemerkten Untiefe, die andere aber wegen gewaltigem Seitenansfall gegen den Wildriß.

Da nun die Rettungsmittel dort am nothwendigsten sind, wo die Gefahr am größten ist, so wurde die Heraussprengung dieser zwei Felsen für die erste Hauptarbeit vorgeschlagen, und die dazumal gegenwärtigen Schiffahrtsverständigen betheuerten einhellig, „daß wenn die Maißenkugel nur um einen einzigen, die Wolfskugel aber um zwei „ Schuh niedergesprenget würde, die Schiffahrt durch den Strudel schon ungemein „ würde erleichtert seyn.

Nachdem diese zwei Hauptgegenstände aus dem Wege würden geräumt seyn, wurde beschloßen, daß, wenn es sich würde thun laßen, noch drei andere Felsen, die fast von gleicher Wichtigkeit zu seyn schienen, Eine nämlich von den Dreispitzen, die

auf

auf dem Plan mit C eine von den gleich bei der Einfahrt liegenden Steinkugeln, die mit A und die Markkugel die mit B bemerket ist, sollten hinweggesprengt; zugleich aber auch die Hinwegräumung einiger Reihen von Felsen am Wörthufer in der Gegend des Roßkopfs vorgenommen werden.

Was den Ausfall L anbelangt, obwol seine Schädlichkeit allenthalben bekannt, und der Wunsch denselben abgewendet zu sehen, allgemein und einhellig gewesen, so waren doch von der Art, diese Abwendung zu bewirken, nicht alle einer gleichen Meinung. Die meisten sind gleich anfangs auf eine Schließung verfallen, durch welche die Oefnung zwischen dem Bombengehäckel und der Wolfskugel gänzlich verschlossen, und also der Strom beisammen erhalten werden sollte. Anderen aber, obwol sie den gewissen Nutzen dieser Schließung nicht verkannten, schien es sehr bedenklich zu seyn, daß in einen Fluß, welcher ohnehin wegen der Menge inliegender Felsen sehr gefährlich ist, noch mehrere Felsenstücke hineingesenket werden; besonders, weil man bei aller Behutsamkeit niemal genug versichert seyn kann, daß die hineingesenkten Felsenstücke an den ihnen bestimmten Platz hinkommen, und noch weniger, ob sie denselben wider den gewaltigen Anfall des allda sehr reißenden Stroms, und wider die ungeheure Stärke der Eisstöße standhaft behaupten werden. Sollte der schon aufgeführte Schließungsdamm mitlerzeit durch widrige Zufälle zerstöhret werden, so könnten die Trümmer davon die Durchfahrt durch den Strudel gefährlicher machen, als sie jemals gewesen ist.

Weil ohnehin beschlossen war, die Verbesserung von der Felsensprengung anzufangen, so blieb dieser Punkt noch unentschieden. Nachdem die schädlichsten Felsen größtentheils würden weggesprengt seyn, zweifelte man nicht, daß die Umstände selbst die sicherste Bestimmung machen würden.

Da man durch diese beschlossene Arbeiten, durch Hinwegsprengung nämlich der angeführten Felsen, und mittlerzeit durch Abwendung des schädlichen Seitenausfalles die Schiffarth durch den Strudel hinlänglich versichert zu haben glaubte, hat man auch in dem Vortrag, welcher den 20ten November 1777 über die Verbesserung des Strudels allerhöchster Orten ist eingereichet worden, unmittelbar den Strudel betreffend, von keinem andern Gegenstande Meldung gemacht, als

1tens Von Heraussprengung der mehrgedachten Felsen aus dem Strudelwasser.
2tens Von Abräumung des Wörthufers, und
3tens Von Abwendung oder Verminderung des Seitenausfalls bei L.

Wenige Tage nach eingereichtem Vortrage wurden die angeführten Punkte höchster Orten begnehmiget, und durch ein Hofdekret von 28ten November 1777 kam der allerhöchste Befehl, daß zur Ausführung desselben indessen, bis eine förmliche Anschafung erfolget, welches den 7ten Februar 1778 geschehen ist, aus den schon angewiesenen Navigationsgeldern alsogleich der Anfang gemacht werde.

IX.
Von nothwendigen Vorbereitungen.

Zu einer so ungewöhnlichen schweren Arbeit, als die Gefahrsbehebung in dem Donaustrudel ist, war es nicht genug einen hinlänglichen Vorrath von Schiffen und Ankern, von Seilen und Ketten, von Spreng- und Hebzeugen, von Steinbohrern, Brechstangen und andern gewöhnlichen Geräthschaften in Bereitschaft zu haben. Man mußte nothwendig auf besondere Hilfsmittel gedenken, um das Werk nicht nur mit vollem Muthe anfangen, sondern ununterbrochen fortsetzen, in allen Fällen betreiben, allen mit der vorhabenden Ausübung verknüpften Beschwerden begegnen, und alle vorkommende Hindernisse bezwingen zu können. Zu diesem Ende wurden

1tens Verschiedene hydrotechnische Werkzeuge verfertiget, um dadurch die außerordentliche Geschwindigkeit, Macht und Unruhe des Strudelwassers zu mindern, und die Wasserarbeit hiedurch zu erleichtern.

2tens Verschiedene den Umständen angemessene Sprengzeuge bereitet, um die Felsen unter dem Wasser anzubohren, und zu sprengen.

3tens Besondere Hebmaschinen, und eigens dazu bestimmte eiserne Hebzangen angeschafft, um die zersprengten Felsenstücke aus dem Wasser heraus, und an das Land zu winden.

4tens Am obersten Theile des Bombengehäckelts, der Wolfskugel, und der Felsen des Wörthusers wurden mehrere eiserne starke Ringe eingegossen um die Schwemmflöße, Senkkästen, Maschinenschiffe und nothwendigen Fahrzeuge an jedem Platze des Strudels nach Erforderniß der Umstände daran befestigen zu können.

5tens In der Wörthinsel nahe bei dem Arbeitsplatze wurde ein hölzernes Gebäude oder Hütte * mit einigen Abtheilungen zu dem Ende errichtet, damit zur Behandlung der Instrumente, die zur Manipulation gehören, zur Fällung und Herrichtung der nöthigen Sprengschußpatronen, ein bequemer Arbeitsort; für die Geräthschaften, für das Bauholz, für Maschinen und Hebzeuge, die den Sommer auseinander zu legen kommen, ein sicheres Behältniß; für die Arbeiter, um sich wider Wind, Schnee, Kälte und Nässe, so sie in der rauhesten Witterung auf dem Arbeitsplatze immer auszustehen haben würden, von Zeit zu Zeit zu retten, ein trockner Unterstand, und, weil sie den Winter hindurch öfters in der Wörthinsel würden verbleiben müssen, ein hinlängliches Nachtlager verschaffet würde.

6tens

---

* Diese Hütte, und die darauf stehende Schanderverstatt wird in der Eigenheit auf den Tafelblatt vorgestellt.

6tens Gleich neben dieser Hütte wurde eine kleine Schmiedewerkstatt eingerichtet, damit die nothwendige, während der Arbeit täglich vorkommende Sprengzeug- und Steinbohrerreparatur gleich auf der Stelle vorgenommen werden könnte.

X.
Von Maschinen das Wasser zu schwellen.

Je reißender und ungestümmer das Strudelwasser ist, desto unentbehrlicher schienen geschickte Schwellmaschinen zu seyn, welche, weil nicht alle Umstände eine gleiche Manipulation erlauben, verschieden mußten angebracht werden.

Es wurden demnach einige besondere Senkkästen und Schwellflöße hergerichtet.

I. Die Senkkästen bestehen aus einem starken Dippelboden, worauf zwo aus starkem Zimmerholze zusammengesetzte Seitenwände und noch eine Hinterwand, so aufgezimmert sind, daß sie zusammen einen dreieckigten Kasten vorstellen. Die gleichgedachten Wände reichen noch zwei Schuh unter den Dippelboden hinab, und bis drei Schuh über denselben hinauf. Die Holzstücke, aus welchen die Wände zusammengesetzt sind, werden durch starke 1 zöllige eiserne Stangen, die oben noch hervorstehen, mit einander befestiget. Die Vignette bei A stellt einen solchen Senkkasten vor:

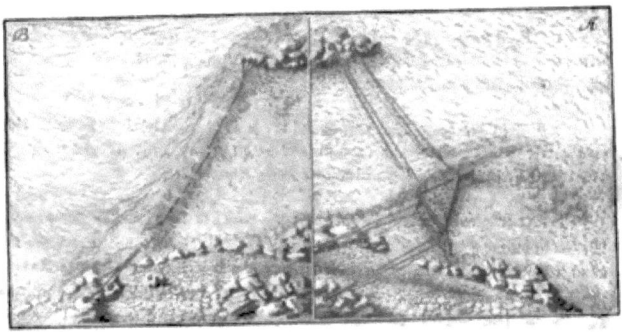

Der Ort, wo diese Senkkästen am ersten angebracht wurden, und ihre meiste Wirkung machen sollten, war bei der Wolfskugel, wo man die wirklich schon angefangene Arbeit dadurch zu erleichtern suchte. Es wurde ein solcher Kasten leer an den bestimmten Ort hingeführet; mit sechs neuen besonders gut verfertigten abgestückten* achtzehn Schillingerseilen an die eisernen Ringe, welche in dem Wörtherufer und Bombengehäckelt zur Auswahl schon eingegossen waren, angeheftet; alsdann so in das Wasser eingesenket, daß er sich mit einem Flügel an dem Kopfe der Wolfskugel, mit dem andern an das Wörtherufer stützte. Da er genug befestiget war, wurde er mit kleinen Steinen und Schotter soweit angefüllet, und niedergesenket, bis seine Wände nur etwann noch neun Zoll über das Wasser herausstunden.

Auf diesen ersten Kasten war der Antrag noch einen zweiten, vielleicht auch, wenns nöthig scheinen, und die Tiefe erfordern sollte, einen dritten solchen Kasten aufzusetzen, welcher wieder mit einem gleichen Dippelboden versehen, wie der erste, mit kleinem Schotter angefüllt, und niedergesenket werden sollte.

Die Verbindung dieser Kästen miteinander, damit sie ein Ganzes zusammen ausmachen, geschieht mittelst derjenigen Eisenstangen, welche die untern Seitenwände zusammen halten, und über dieselben noch hervorstehen.

Die Ursach, warum man mehrere Kästen zusammen setzen, einem jeden eine nur so kleine Höhe geben, und sie mit so kleinen Steinen anzufüllen glaubte, besteht in der Vorsicht, daß, wenn unter währendem Gebrauche derselben die Eißstöße, anwachsendes Wasser, oder andere unvorgesehene Zufälle eine eilfertige Hinwegschaffung dieser Versenkung erforderten, man die Kästen leicht ausleeren, und wegbringen könne. Denn

1tens Weil sie nicht hoch sind, so kann ein Mensch die kleintheiligen Füllungen leicht hervorlangen, und gerade in den Fluß werfen, welcher den zertheilten Schotter vermög seiner Schnelligkeit sicher fortschwemmt.

2tens Weil der ganze Einsatz abgetheilet ist, so steigt ein Theil des Kastens, oder vielmehr ein Kasten nach dem andern von selbst in die Höhe, bietet sich zum Schotterausleeren selbst dar, und läßt sich ohne viele Mühe wegnehmen.

Der erste auf diese Art versenkte Kasten, trieb das bei 1½ Schuh aufgeschwellte Wasser an die Seite der Wolfskugel gegen den Wildriß hinaus, und machte für sich allein so gute Wirkung, daß ohne auf die Aufsetzung und Füllung eines zweiten Kastens zu gedenken, der unterste Theil der Wolfskugel oder die Hut, worüber die Naufuhren unumgänglich fahren müssen, nach Wunsch aus dem Wege geräumet worden ist.

II. So

---

* Wörtherische Seite sind auf eine besondere Art verfertiget. Die Dicke der Seile pflegt man nach der Anzahl der Schillinger zu nehmen. Man sagt nemlich: 12, 18, 24 Schillinger ꝛc. Der Schlag aber beschet aus zo Faden.

II. So vortheilhaft indessen die **Senkkästen** zur Wasserschwellung dienten, so versprach man sich doch von den **Schwellflößen**, welche in dem zweiten Theil des Bellidors Wasserbaukunst §. 768. beschrieben werden, und von Herrn Kastain zur Reinigung und Vertiefung des Havens de Grace sind gebraucht worden, eine noch beträchtlichere Wirkung.

Diese **Flösse** oder **Pontons** bestehen aus einem ganz einfachen Zimmerwerk, in Gestalt eines länglicht viereckigten Bodens, welcher in proportionirter Länge und Breite aus starken miteinander wohl befestigten Pfosten zusammengesetzet, und, mittelst einiger daran befestigten Ringe, so angebunden werden kann, daß die eine Seite mit der Oberfläche des Wassers in gleicher Höhe stehen bleibe, die andere aber, welche aufwärts gegen den Strom gewendet ist, von selbst niedersinken, und also der ganze Floß eine schiefe Fläche von ungefähr 45 Graden vorstellen muß.

Da die oben bei der Einfahrt in den **Strudel** liegenden Felsen hinwegzuschaffen der Antrag war, wurden zwei solche Flösse gebraucht, um die Oefnung zwischen dem **Bombengehäckelt**, und dem **Wörthufer** einigermassen zu schließen, und also das **Strudelwasser** noch ober dem Kopf des **Bombengehäckelts** in den **Wildriß** hinüber zu treiben. Auf beigesetzter Vignete bei B erscheinen 2 solche versenkte **Schwemmflösse**.

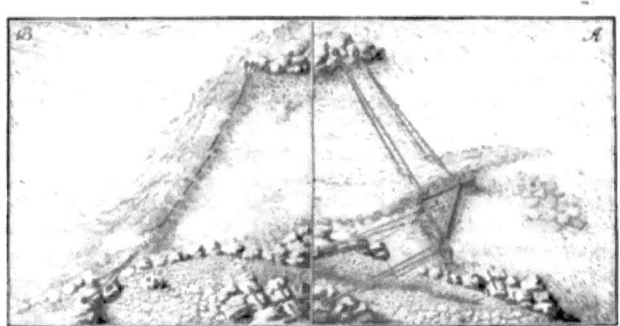

Weil man aber den Unterschied zwischen dem ruhigen Meere in einem Haven, der gereiniget, oder auf einem Sandhügel, der zertheilet werden sollte, und zwischen dem entsetzlich reissendem **Strudelwasser** wohl eingesehen, und auch überzeugt war, daß die von Herrn Bellidor beschriebene Manipulation mit der Schiffahrt der bei dem **Strudel** vorzunehmenden Arbeiten nicht vereinbarlich sey, so suchte man die Umstände des Orts auf folgende Art zu benutzen.

An die am Bombengehäckelt und am Wörthufer eingegossene Ringe wurden zwei starke vier und zwanzig Schillingerseile, und ein Stück achtzehn Schillinger befestiget, und alle drei Stücke durch einen einzigen starken Ring durchlaufend quer über den Strom gespannet. Um diese drei Seile gleichtragend, und ihre Stärke vereinbarlich zu machen, wurde ein Pfahl durch dieselben durchgeschoben, um sie damit so zusammen zu drehen, daß sie straff angespannet würden. An diese drei vereinbarten Seile sollten sich beide Flösse anlehnen, und einer den nächsten Platz bei dem Bombengehäckelt einnehmen, der zweite an diesen anstoßen, und bis an die Wörthinsel langen.

Das Wasser, glaubte man, würde auf diese Art am Haupte des Bombengehäckelts hinaus in den Wildriß geleitet werden, und weil das Gefäll des Rinnsals vom Haupte des Bombengehäckelts bis hinab zur Verennigung des Wildriß mit dem Strumwasser bis drei Schuh beträgt, so war Hoffnung, rückwärts in einem ruhigen sanften Strom arbeiten zu können.

Um den ersten Floß, der an dem Wörthufer lag, gegen das Bombengehäckelt hinüber zu bringen, mußten die Seile, woran der Floß hieng, mit einem Ende an das Bombengehäckelt hinüber reichen, mit dem andern um etliche in dem Wörthufer befestigte Haftstecken umgewunden, und solang nachgelaßen werden, bis der schwimmende Floß, den die auf dem Bombengehäckelt aufgestellten Arbeiter durch Beihülfe dahin reichender Seile zu sich leiteten, in seinen bestimmten Ort gekommen wäre. Allein gleich das erstemal zeigten sich noch größere Schwierigkeiten, als man sich anfangs vorgestellet hatte. Denn obgleich die ganze Arbeit ordentlich eingeleitet war, ein jeder Arbeiter seine Vorschrift hatte, jedem Muth genug eingeflößet worden war, die beschwerlichsten Arbeibreiten nicht zu scheuen, und jeder überzeugt zu seyn glaubte, daß auf diese Art die pünktlichste Ausführung erfolgen müsse; so verursachten doch die Umstände des Stroms, daß der Floß an seinen bestimmten Platz nicht kam, sondern man mußte zugeben, daß er in einer ungebändigten Richtung untergieng. Nachdem er sich aber mit der Bodenseite an aufragende Schroffen des felsigten Grundbettes verfangen hatte, hat man durch viele gefährliche Arbeit noch erzwungen, daß die obere Floßseite auf dem zu diesem Ende über den Strudel gespannten Seil aufzuliegen kam, und eine beträchtliche Schwellung hervorbrachte, welche die Strudelarbeiten viel erleichtert, und so lang fortgedauert hat, bis der anwachsende Strom keine fernere Einschränkung oder Aufschwellung mehr zuließ, und alle Arbeit aufzuhören zwang.

III. In eisigen Umständen, besonders bei häufig rinnendem Eise, wo die Senkkästen und Schwellflösse nicht konnten angebracht werden, mußten die vorräthigen Arbeitsschiffe eine Aushülfe verschaffen:

Es wurden diese an ihren Böden und Wänden mit glatt gehobelten Brettern dicht bekleidet, mit Holz und Steinen beladen, und in einer schrägen ableitenden Stellung ober dem Arbeitsorte dem eistreibendem Strome so entgegen gesetzet, daß sie einen schwimmenden Sporn vorstellten, welcher den größten Wasserschwall aushielt, und das Treibeis ableitete, oder hinwegdrängte. Die unterwärts vorgenommenen Wasserarbeiten wurden hiedurch von dem raschen Wasserstrich und Treibeis gedecket, und konnten demnach ungehindert fortgesetzet werden; und als man die Arbeiten wegen großen Wassers aufzuheben gezwungen wurde, hatte man noch den Vortheil, daß dieser getauchte Schiffsporn sehr leicht weggebracht, und ausgeladen werden konnte.

XI.
Von nothwendiger Behutsamkeit bei den Strudelarbeiten.

Wo man das Wasser ableiten, oder auf was immer für Art mittelst einer Verdammung oder Verpfählung, durch versenkte Kästen oder eingebauete Krippen ausschöpfen, und im Trocknen arbeiten kann, hat weder das Anbohren noch Herausspringen der Felsen aus dem Flußbette eine besondere Schwierigkeit. Wo aber dieses nicht geschehen kann, wo das Bohren, Laden und Losbrennen unter dem Wasser geschehen muß, wird eine desto größere Vorsicht, Behutsamkeit und Geschicklichkeit erfodert, je reißender der Strom, je tiefer der Fels, je weniger durchsichtig das darüber stehende Wasser ist. Besonders ist bei diesem Umstand nothwendig:

1ten Daß, bevor noch eine wirksame Hand angelegt wird, die Gattung, die wesentliche Beschaffenheit, und die Härte der unter dem Wasser zu sprengenden Felsen, ihre Lage, ihre Größe und äußerlicher Umfang vollkommen bekannt sey.

Man muß vorhinein genau wissen, ob der Fels durchaus gleichartig, oder von andern Steinarten eingemischte Adern habe?* ob er unzertrennt zusammen hange, und ein ununterbrochenes Ganzes ausmache, oder aus zertheilten, entweder schichtenweis über einander, oder in der Reihe her liegenden Stücken bestehe? ob er beträchtliche Klüfte, Vertiefungen habe? u. d. gl. Ohne diese Kenntniß, welche nur durch wiederholte genaue Sondirungen, oft nur durch gemachte Versuche und Erfahrungen erlanget werden kann, würde man die wahre Art der Bearbeitung, die nach Erforderniß der Umstände sehr verschieden ist, leicht verfehlen, und den Fels immer nur auf geradewohl bearbeiten. Man würde viele unnütze, vielleicht auch schädliche Schußlöcher anbringen, die vortheilhafteste Richtung, und das Maaß, nach welchem der Fels anzubohren ist, die Ladung, damit sie nicht überflüssig, mithin zu rasch, aber doch stark genug werde, niemal bestimmen, vielweniger eine sichere Wirkung mit Grund sich versprechen können.

---

* Die Strudelfelsen sind meistens ein grauer aus Feldspat, Quarz, Glimmer und Basalt bestehender Granit. Saxum compositum ex Spato Campestri, Quarzo, Mica, & Basalto. Vulgo, Granites Cinereus.

Alle diese angemerkten Untersuchungen sind bei einem jedem Strudelfelsen insonderheit vorgenommen, und wiederholet worden; und da man von der Beschaffenheit derselben schon eine genugsame Kenntniß zu haben geglaubt hatte, hat man, um das Werk mit möglichster Behutsamkeit anzufangen, sich noch zuvor verschiedene Schwierigkeiten, und widrige Zufälle, die sich währender Arbeit, oder nach derselben äußern könnten, zu dem Ende vorgestellet, damit denselben desto leichter entweder ausgewichen, oder vorgebogen werde.

2tens Weil man vorläufig nicht versichert seyn konnte, daß die vorzunehmende Strudelverbesserung vollkommen werde ausgeführet werden; zugleich auch wußte, daß an den Strudelfelsen, welche wegen ihrer Größe nur theilweis können weggesprengt werden, nach Hinwegsprengung eines jeden Theils allezeit scharfe schneidige Ecken zurück bleiben, diese Ecken aber den Naufuhren weit fürchterlicher, als zuvor der ganze durch Länge der Zeit schon abgeschliffene Fels gewesen war, um desto gefährlicher seyn würden, je schneller sie hindurch fahren, je weniger sie ihren Lauf zu hemmen vermögend sind, ist man bei dem Anbohren der Steinfelsen mit einer besondern Vorsicht zu Werke gegangen.

Man hat nämlich den ersten Schußlöchern eine solche Richtung gegeben, daß anfangs nur der hintere Theil, welcher abwärts gewendet ist, hinweggeschossen werde, der vordere aber, der aufwärts den Naufuhren entgegen stehet, indessen unberührt bleibe.

Durch diese Vorsicht hoffte man die Strumfahrer zu überzeugen, daß die Fahrtstraße durch den Strudel auch in jenem Falle, daß die angefangene Felsensprengung aus was immer für Ursachen sollte unterbrochen werden, oder aufhören müssen, durch die unternommene Arbeit niemal würde seyn verschlimmert worden. Denn die Naufuhren, wenn sie auch wirklich auf einen halbgesprengten Stein aufgefahren wären, würden allzeit versichert gewesen seyn, keine solche durch das Sprengen verursachte Schärfe, sondern immer die abgeschliffene vordere Fläche eben so, wie vorhin, vor sich zu haben. Den Gegenfuhren aber, weil sie sehr langsam fortrücken, und jederzeit nach Belieben still halten können, würde die unvollendete Sprengung ohnehin niemal eine besondere Hinderniß verursachen.

3tens Daß bei der wirklichen Ladung, um das Schußpulver in das gebohrte mit Wasser angefüllte Schußloch trocken hineinzubringen, sicher darinn zu bewahren, und verläßlich und mit guter Wirkung loszubrennen, eine sehr große Behutsamkeit erfodert werde, bedarf weder einer besondern Probe, noch einer Erklärung.

4tens Da die Sprengung der Strudelfelsen noch weiter fortgesetzet, und auch der vordere Theil, welcher den Herabfahrenden entgegen steht, angepackt wurde, mußte die erste Sorgfalt seyn, die gefährlichsten Felsen so niederzusprengen, daß die Schiffahrenden, welches viele gefürchtet hatten, keine zurückgebliebenen Spitzen zu fürchten haben; welches zu bewirken man sich immer die geflißensten Maaßregeln vor Augen genommen hat.

5tens

5tens. Nachdem die **Strudelfelsen** mit dieser Behutsamkeit weggesprengt sind, müssen die Trümmer, damit die Fahrtstrasse gereiniget werde, mit gleicher Sorgfalt aus dem Wege geräumt, und entweder in tiefere Plätze, wo sie ohne Nachtheil der Schiffahrt liegen können, oder aus dem Strom an das Land herausgebracht werden.

Wo der reissende Strom frei anfällt, ist das Herausbringen der zertrümmerten Grundfelsen oft mühsamer, und den Arbeitern gefährlicher, erfordert demnach grössere Behutsamkeit als das Sprengen selbst; und in vielen Umständen ist es nicht so beschwerlich dieselben, nachdem sie einmal geschickt ergriffen sind, auszuwinden, als sie geschickt zu ergreifen, welches, (obwohl für die grösseren eigene Steinzangen, für die kleineren aber, und für die glatten abgeschliffenen Steine, die sich mit Zangen nicht halten lassen, starke aus eisernen in einander geketteten Gliedern zusammengesetzte Steingatter oder Steinnetze in Bereitschaft sind,) oft grössere Schwierigkeit verursacht, als man glauben sollte.

Auf beigesetzter Vignette werden die Maschinenschiffe, die Greifzange, das Hebzeug, die in wirklichem Auswinden begriffene Arbeiter vorgestellt.

Bei Auswindung der gesprengten Felsenstücke, leisten aus allen Hebzeugen überhaupt die einfachesten die besten Dienste. Auch die beste Manipulation ist ganz einfach. Die Arbeitsschiffe, worauf die Hebmaschine mit dem nothwendigen Gerüstwerke gestellet ist, wird an den Platz, wo der herauszuwindende Fels liegt, hingeführt, mit starken Seilen an den eisernen Ringen befestiget, und unbeweglich gehalten, das Felsenstück wird mit der unter das Wasser hinabgesenkten Hebzange ergriffen, und mittelst eines bekannten Haspelzugs in die Höhe gewunden, endlich über einen aus starken Pfosten hergerichteten Weg durch Beihilfe einiger am Ufer aufgestellten Erdwinden an das Land gebracht. Im Falle, dass die Last zu gross wird, werden die einfachen Hebmaschinen verdoppelt, oder besondere Flaschenzüge und Hebwinden zu Hilfe genommen.

Was bei Bearbeitung des Strubels die größte Ungelegenheit verursacht, und die Beschleinigung derselben am meisten zurückhält, ist der Umstand, daß sie meistens nur auf die Zeit, in der die Donau nicht befahren wird, das ist, auf die Wintermonathe muß eingeschränkt werden, in welchen die Donau mit Eis bedeckt, die Tageslänge sehr kurz, die Witterung am rauhesten ist, in welcher die armen schlecht gekleideten Taglöhner mit ihrer gewöhnlich kalten Kost, zwischen Eiß und Schnee, in der Kälte und Nässe, bei so harter gefährlicher Wasserarbeit lang auszudauern nicht im Stande sind.

Auf eine günstige Zeit darf man bei den Strubelarbeiten keinen Antrag machen. Denn obwohl öfters auch in Frühlings- und Herbstmonathen die Felsen unter dem Wasser könnten bearbeitet werden, so können doch die Arbeitsschiffe bei dieser milden Zeit in dem Strubel, weil er dazumal wegen der Schiffahrt offen bleiben muß, ohne allgemeinen Nachtheil nicht stehen bleiben.

XII.

Von zweierlei Arten die Felsen unter Wasser zu sprengen.

Bei den Strubelarbeiten wurden zweierlei Sprengzeuge gebraucht, die man nach vielen vorläufig angestellten Proben und Versuchen vor andern vortheilhaft und sicher befunden hat.

I. Die erste Art wird in den schwedischen Abhandlungen im 22ten Bande Seite 124 beschrieben, und ist von Daniel Thunberg, bei dem neuen Werfte zu Karlskron, gebraucht worden. Der ganze Vorrath, dessen man sich mit einer kleinen Abänderung bei den Strubelarbeiten bedienet hat, besteht in folgendem:

Ein mit Pulver angefülltes Patronsäckchen von Leinwand wird an das platte Ende eines eisernen Keils fest gebunden, und samt dem Keil, bis an den Boden einer wasserdichten Röhre von verzinntem Eisenblech so hinabgeschoben, daß die Patrone unten, der eiserne Keil oben darauf zu stehen kommt. Auf diesen eisernen Keil wird noch ein zweiter, der an eine schwere eiserne Stange angeschweißt ist, aufgesetzet.

Diese Keile, weil ihre zwo schiefen Flächen zusammen passen, befestigen sich selbst miteinander, und erhalten mit vereinigten Kräften die eingeschlossene Ladung in sicherster Verwahrung. Zwischen den zwo zusammen passenden Flächen geht mittelst einer zu diesem Ende angebrachten Vertiefung eine gut präparirte Stoppine hindurch, welche mit einem Ende bis ans Pulver reicht.

Auf beigesetzter Vignette bei A wird das ganze Sprengzeug, und ein jeder Theil insonderheit vorgestellt: a ist die gefüllte Patrone, b der eiserne Keil; c die Patrone und der Keil zusammen gebunden; d die blecherne Röhre; e der obere Keil sämt der eisernen Stange, f das nach obiger Vorschrift gebohrte Schußloch, g die ganze Ladung, welche in der blechernen Röhre beisammen ist, und ganz bequem in einem trocknen warmen Zimmer kann hergerichtet, und alsdann in das, nach bestimmten Maaße gebohrte Schußloch nur hineingesetzet werden darf. Es versteht sich von selbst, daß die Röhre einige Schuhe über den Wasserspiegel; die Stoppine aber, damit sie bequem und sicher könne angezündet werden, über die Röhre hinauflangen müsse.

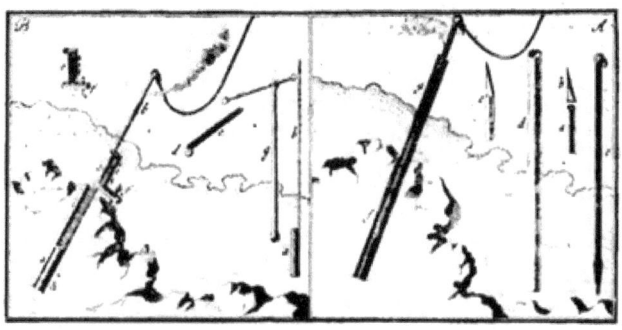

Da das Feuer, mittelst der Stoppine an das Pulver kommt, übt dieses anfangs seine ganze Kraft gegen den untern Keil aus. Da aber dieser sich an dem obern anstämmt, mithin nicht weichen kann, bleibt die ganze Ladung richtig beisammen, und macht ihre Wirkung desto vollkommener, je genauer der eiserne Keil in die blecherne Röhre, je genauer diese in das Schußloch hineinpaßt.

Weil aber in der Ausübung weder das Loch in dem Fels, theils wegen ungleicher Härte des nämlichen Steins, theils wegen übermäßiger Unruhe des Wassers worauf die Arbeitsschiffe stehen, vollkommen rund gebohret, noch der eiserne Keil mit genugsamer Genauigkeit verfertiget werden kann, muß öfters zwischen dem Keil und der Röhre und dem Schußloch ein leerer nicht geschloßener Zwischenraum übrig bleiben, wodurch nothwendig ein Theil des entzündeten Pulvers verlohren geht. Dieser unvermeidliche Fehler kann nicht anders, als durch eine größere Menge Pulver ersetzet werden. Es ist nämlich auf eine so starke Ladung anzutragen, daß, wenn auch ein Theil des Pulvers unwirksam durch diesen Zwischenraum herausdrängte, doch der Ueberrest noch vermögend sey, eine hinlängliche Wirkung zu machen.

Der untere Keil geht fast allezeit, und von der Röhre meistens 3 bis 4 Schuh verlohren, der übrige Theil der Röhre und der obere Keil mit der Eisenstange, welche letztere, damit sie nicht weit weggetragen werde, an ein langes Seil angebunden ist, können öfters gebraucht werden.

Anstatt des untern eisernen Keils hatte man einige aus dem härtesten Holz verfertigte anzubringen gedacht, theils um den eisernen Keil zu ersparen, theils weil die aus Holz gemachten Keile runder, netter und genauer nach dem Bohrloch verfertiget werden können. Allein es gieng nicht an; das entzündete Pulver hat denselben in kleine Splitter zerrissen, und sich dazwischen einen Ausgang verschaffet, wodurch ein großer Theil der Kraft unnütz verlohren gieng, und die Wirkung gegen die zu sprengenden Felsen nothwendig viel geschwächet werden mußte.

II. Die zweite Art eines sicheren Sprengzeugs, welcher auf der nämlichen Vignette bei B vorgestellet wird, besteht in einem blechernem, der Weite des gebohrten Schußloches angemessenen Cilinder a, auf dessen obern Boden ein kleines blechernes Röhrchen b angelöthet ist, welches von dem Cilinder, da er schon in dem Schußloch stecket, bis über das Wasser hinausreichet.

Der untere Cilinder a wird mit Schießpulver so voll als es möglich ist, angefüllet, und bis an den Boden des gebohrten Schußlochs b versenket; durch das Röhrchen b aber wird eine Stoppine so hindurch gestecket, daß sie oben angezündet werden, und das unten in der Patrone enthaltene Pulver entzünden kann.

Weil der obere leere Raum des Schaßloches i nothwendig mit Steinen, mit Leim, oder andern Gezeuge, die man durch eigends dazu bestimmte Trichter unter Wasser in das Loch hinein läßt, verschlagen werden muß, ist Sorge zu tragen, daß bei diesem Verschlagen die gefüllte Patrone oder das Röhrchen, darinnen die Stoppine stecket, nicht beschädiget werde.

Um

Um dieses zu verhüten, wird das blecherne Röhrchen b mit der Stoppine in eine eiserne Hülse eingestecket, in welcher sie sicher verwahret, dem reißenden Strudelswasser Widerstand leisten kann. Unten an dieser Hülse ist eine starke runde Platte d angeschweißt, welche den blechernen Cylinder a bedecket, und bei der wirklichen Ladung alle Streiche empfängt, die sonst den Cylinder beschädigen könnten.

Damit aber diese Platte d durch die empfangenen Streiche nicht zu stark an die Schußpatrone angepreßt werde, und die zusammen gelöteten Theile, anstatt sie zu beschützen, auseinander treibe, folglich dem Wasser hineinzubringen Gelegenheit gebe, wird die Hülse c durch die zwei Löcher des doppelt umgebogenen Eisenstückes e durchgeschoben, und mit drei Schrauben daran befestiget, endlich wird die Stellschraube f mittelst des Schraubenschlüssels g nach Maaß der zuvor sondirten Tiefe des gebohrten Schußloches so gestellet, daß sie, wenn die ganze Ladung beisammen ist, ober diesem Loch auf dem nämlichen Fels aufsteht, und das ganze Sprengzeug in erforderlicher Stellung erhält.

Bei dem ersten Anblick der Vignette übersieht man die ganze Manipulation, und bemerket zugleich, daß diese Art die Steine unter Wasser zu sprengen, vielmehr zusammengesetzt sey; daß mehr Zeit, Mühe, Geduld und Genauigkeit, auch geschicktere Arbeiter dabei erfodert werden; daß die Ladung, weil die Hauptsache unter Wasser geschieht, in viel grösserer Gefahr stehe, durch das eindringende Wasser unwirksam zu werden, als bei der vorigen mittelst der eisernen Keile.

Hingegen aber ist auch gewiß, daß bei dieser Art zu laden, weil die Mängel eines nicht runden Schußloches durch das behutsame Verschlagen beinahe vollkommen ersetzet werden, der Schuß bei einer gleichen Menge Pulver viel wirksamer sey, indem dasselbe genauer eingeschlossen ist, mithin seine gesamte Kraft, ohne etwas davon zu verlieren, gegen die Felsen ausüben kann. Der Keilschuß demnach hat in grösserer Sicherheit, und in bequemerer geschwinderer Manipulation; der Verschlagschuß aber in mehrerer Wirksamkeit seinen Vorzug.

XIII.

Von angefangener Strudelarbeit im ersten Winter 1777-1778.

Im Monat December 1777 fieng endlich die wirkliche Felsensprengung im Strudel an.

Am allererersten wurden die zwei wichtigsten Gegenstände: die Wolfskugel, nicht zwar am Kopfe *), welcher in Rücksicht auf den vorgeschlagenen Schliessungsdamm

---

* Der obere Theil oder der Kopf der Wolfskugel wurde zu dem Ende unberühret gelassen, damit man, wenn etwa der oben vorgeschlagene Schliessungsdamm zwischen dem Bombengebäckelt und der Wolfskugel noch sollte vorgenommen werden, denselben zu seiner standhaften Sicherheit an diesem Kopf anhängen und befestigen könnte.

darum mußte stehen bleiben, sondern an seinem Rücken auf der sogenannten Hut; nach dieser die Maißenkugel angepackt, und wie es anfangs vorgeschlagen gewesen, gegen zwei Schuh erniedriget.

Die Bearbeitung der übrigen Felsen wurde in jener Ordnung, welche die Beschaffenheit der Umstände, die Bequemlichkeit zu arbeiten, und die vortheilhafteste Lage vorschrieb, unternommen, und bis halben Mai, besonders bei jenen Felsen, welche die Einfahrt in den Strudel gefährlich machten, an den Felsenstücken A a a an der Markkugel B, an der Dreispitze C, welche drei gänzlich hinweggesprengt worden, an der Dreispitze F, an dem Wörthufer bei H H und E E, zuletzt auch an den Felsen K K, welche etwas erniedriget worden sind, mit solchem Eifer, und so glücklichem Erfolge fortgesetzet, daß, obwol sie wegen ungemein anwachsendem Wasser auf einige Tage unterbrochen werden mußte, den 22.ten Jänner schon 1½ Klafter, zu Ende des Februars 7 Kubikklafter, und im Monath Mai bis 30 Kubikklafter Steine unter dem Wasser in dem Strudel gesprengt, an das Land gewunden worden, und auf dem Wörtherufer als untrügliche Zeugen der geschehenen Arbeit öffentlich da gelegen sind. Vieler andern beträchtlichen Felsentrümmern zu geschweigen, welche nach glücklicher Hinwegsprengung in die tieferen Plätze, wo sie unschädlich liegen können, entweder selbst verfallen, oder mit Vorsicht versenket worden sind *.

Nach diesen hinweggesprengten Felsen, welche nach Maaß ihrer Erniedrigung aufgehört haben gefährlich zu seyn, hatte man schon zu Ende des Monaths Mai 1778, sobald nämlich die Arbeitsschiffe aus dem Wasser herausgezogen waren, nicht ohne Vergnügen gesehen, daß die gereinigte Einfahrt in den Strudel sicher sey, und die Donau viel häufiger hineinströme, als in vorigen Zeiten, welches zur wesentlichen Verbesserung des Strudels schon ein sehr beträchtlicher Anfang war, von dessen Fortsetzung, und Ausführung man in Zukunft eine destomehr gegründete Hoffnung haben konnte, je wirksamer die Arbeit durch den ersten Winter gewesen.

Den Sommer hindurch wurden die bei den vorigen Winterarbeiten beschädigten Schiffe, Maschinen und Werkzeuge wieder zu rechte gerichtet, neue Seile, Heb= und Sprengzeuge angeschafft, und alle Nothwendigkeiten vorbereitet, um die Arbeit zu allen Zeiten ungehindert anfangen zu können. In dem Strudel aber wurden alle Umstände, alle Veränderungen, besonders diejenigen, die sich bei dem Seitenausfall L geäußert hatten, von Zeit zu Zeit sorgfältig beobachtet, um aus dem, was geschehen ist, sichere Maaßregeln heraus zuziehen, nach denen die künftige Arbeit zu bestimmen, und einzuleiten wäre.

XIV.

---

* Die Strudelfelsen sind sehr hart und fest, sondern einförmig, brechen in ungeheuren Stücken, der es 40, 60 und mehr Centner hatten.

XIV.
Von dem gefährlichen Seitenausfalle.

Die gereinigte Einfahrt in den Strudel, und das häufiger hineinströmende Wasser versprachen zwar der Schiffahrt eine hinlängliche Erleichterung; allein der Seitenausfall gegen den Wildriß war noch immer so gefährlich als zuvor, ja, es wollten einige behaupten, daß eben dieser Ausfall, nachdem das Wasser in dem Strudel einen freien ungehinderten Eingang bekommen habe, nach Maaß der vermehrten Wassermenge noch fürchterlicher geworden sey, und die Schiffe um so mehr an sich ziehe. Welchen Satz sie nicht nur aus der Erfahrung allein, sondern auch mit dem zu beweisen suchten, daß diese Felsen zuvor, da sie in ihrer Höhe noch da standen, den hinausdringenden Strom wenigstens in etwas zurückgehalten, izt aber denselben ohne allen Widerstand hinausfallen lassen.

Dieser wichtige Einwurf gab Anlaß zur Abhilfe dieser Schädlichkeit, durch eine Verschließung, von welcher gleich bei den ersten Vorschlägen Meldung geschah, oder durch sonst was immer für Mittel alle Aufmerksamkeit zu verwenden.

Man hatte auch schon verschiedene Entwürfe zur Ausführung einer Verschließung, mittelst welcher das Wasser in der Höhe des erhabensten Theils der Wolfskugel bei L durchzudringen verhindert werden sollte.

Weil man aber nach vielen Beobachtungen, und nach genau angestellten Sondirungen überzeugt war, daß die Ursach dieses Ausfalls nicht von einer größern Neigung gegen diese Oeffnung, sondern meistentheils von dem felsigten spornartigen Wertheufer, welchem durch die wenige Abräumung in dem ersten Winter das Wesentliche noch nicht benommen worden ist, hergeholt werden müsse; weil man zugleich versah, daß wenn diese Schließung wirklich wäre zu Stande gekommen, von der Uferkrümme H H beständig ein gewaltiger Hintrieb des Wassers und Eises gegen den Schließungsdamm und gegen die Wolfskugel, hiemit ein beständiger Kampf würde gewesen seyn, der sich nothwendig, sowol auf die Dauer der Verschließung, als auf die Sicherheit der schwer getauchten Schiffe beziehen müßte, wurde beschlossen, dieses schädliche Ufer, nicht nur wie man anfangs gedacht hatte, an dem äußersten Theil abzuräumen und auszugleichen, sondern als die meiste Ursach dieses Uebels aus dem Grund zu heben, und in genugsamer Tiefe herauszusprengen, in gesicherter Hoffnung, daß, nachdem dieses aus dem Wege würde geräumt seyn, die übeln Folgen von selbst aufhören würden.

Nebst dem, daß man sich hiedurch eine gewisse Abhilfe versprach, sah man zugleich, daß dieses Mittel nicht nur weniger kostspielig sey, als ein Schließungsdamm, sondern auch alle künftige Nacharbeitung und Reparaturen, die bei der Schließung über kurz oder lang unausbleiblich wären, unbesorglich mache.

XV.

XV.
Von der Bearbeitung des Strudels im zweiten Winter.

Mit dem Monath December 1778 fieng die Arbeit wiederum an, und wurde mit vereinigten Kräften so lange, als es vermög des anwachsenden Wassers, und vielfältigen Eises möglich war, so wirksam fortgesetzt, daß bis Anfang Jänners 1779. 8 Kubikklafter Steine von der schon oftgedachten Uferkrümmung weggesprengt worden, und aus dem Wasser herausgekommen sind.

Wie groß die Begierde, der Vorsatz, und auch die Hoffnung immer gewesen ist, diese wichtige Arbeit eifrigst zu betreiben, so mußte sie doch nach einer sehr kurzen Dauer den 5ten Jänner auf einmal unterbrochen werden; denn es kam das Triebeis so häufig, und so eilends, daß die Maschinenschiffe noch mit harter Mühe in Sicherheit gebracht werden konnten, und die Arbeiter wegen eingesehener Unvermögenheit durch das Eis durchzukommen, sich gezwungen fanden in der Wörtherinsel zu verbleiben.

Einige doch, welchen es wegen ihrer bekannten Geschicklichkeit im Wasserfahren ist gestattet worden, getrauten sich mit einer kleinen Weidzillen, mit welcher sie durch die Zwischenräume des häufig rinnenden Eises am leichtesten durchzukommen glaubten, eine Ueberfuhr in den Markt Struden zu machen. Sie waren aber kaum über die Helfte des Stroms hinüber, so fanden sie sich mit Eis so umrungen, daß sie in größter Gefahr stunden samt dem Eise in den Wirbel hineingetrieben zu werden. Mit genauer Noth gelung es ihnen, daß sie mit äußerster Erschöpfung ihrer Kräfte, und fast Athemlos unter dem Haasenohr* in dem sogenannten Freudhof** noch an das Land zu kommen das Glück hatten.

Durch dieses Beyspiel geschreckt blieben die auf der Wörthinsel zusehenden Arbeiter, wie gern sie wegen des den 6ten Jänner einfallenden Festtags hinübergekommen wären, willig den 6ten, 7ten, 8ten und 9ten am Wörth, und verlangte sich keiner angefahren zu werden.

Unterdessen setzte sich der Stoß auf dem Wirbel und verschloß die Donau so, daß das von oben herabkommende Eis nur links und rechts seine Wirkung gegen das Ufer ausüben konnte, und dasselbe wurde durchaus mit so vielen ungeheuren Eisstücken angefüllet, daß halbe Eißberge da zu stehen schienen.

Bei

---

* So heißt das Eck unter dem Markte Struden.
** Freudhof heißt der ewr große Gegenschwall von dem Wirbel, welcher unter dem Markte Struden von dem Haasenobre bis zu dem Langensteine sich erstreckt.

Bei einem so außerordentlichem Eißstoß, der seine Dauerhaftigkeit bis gegen das Frühjahr hinaus, wenn ihn nicht wärmere Regenzeit, und hohes Gewässer heben würden, vermuthen ließ, war mit Grund zu besorgen, daß man den noch übrigen meisten Theil des Winters für dieses so gemeinnützige Unternehmen, in einer gänzlichen Unwirksamkeit würde zubringen müssen, welches der Navigationsdirektion desto betrübter würde gefallen seyn, je eifriger sie sich bestrebte, das angefangene Werk nach Möglichkeit zu beschleunigen.

XVI.
Von den Strudelarbeiten währendem Eißstoß.

Durch Zufall hatte das aufgeschwellte und deßentwegen nachbringende Wasser, von dem Raabenstein längst dem Hößgang gegen den Wirbel, durch das Eiß einen offnen Kanal in der Breete von 8 bis 12 Klafter ausgestoßen, wodurch es in proportionirter Geschwindigkeit herab floß.

Eine ähnliche Oeffnung erstreckte sich eben von gedachtem Raabenstein bis zu dem Wildriß. Das eigentliche Strudelwasser aber, von dem Wörtherufer bis über das Bombengehäckelt, und über die Wolfskugel hinaus, wie auch die ganze untere Strecke von dem Wildrißgehäckelt bis gegen den Wirbel hinab war in einem Stücke mit dichtem schroffigtem Stoßeiße bedecket.

Die Oeffnung des Wassers durch den Hößgang gab Stoff zu einem Entwurf, wie der Eißstoß von einigen Felsen im eigentlichen Strudel hinweggebracht werden könne; und weil verschiedene Werkzeuge, die man das Eis zu zertheilen, die tauglichlichsten zu seyn erachtet hatte, aus Vorsicht schon vorhin angeschafft waren, wurde dieser Entwurf, nach zuvor angestelltem Versuch, wirklich ausgeführt.

Von unten, wo der offene Hößgang an den Strudelrinnsal stößt, wurde mit Stoßeisen und mit schweren Schneidhacken, die an fünf Schuh langen Stielen befestiget waren, das Eiß furchenweis, so tief man konnte, eingehauen, diese Furchen mit eisernen krummen Sägen, die durch drei oder vier Personen regieret werden konnten, bis auf den Grund vollends zerschnitten, das getrennte Eis durch lange Hebbäume losgehoben, in das rinnende Wasser ausgestoßen, und zum Fortschwimmen nachgelenket.

Mittelst unermüdeter Arbeit war in kurzer Zeit bis zum Strudelwasser hinauf ein gegen sechs Klafter breiter Kanal, der beständig offen erhalten wurde, und in dem Strudel selbst gleichsam ein Teich ausgehauen, welcher vierzehn Klafter breit und über dreißig Klafter lang war, mithin den Arbeitsschiffen, die unterhalb des Strudels Sicherheit halber noch vor dem Eißstoß an das trockne Land sind gewunden worden, und über die Wörthinsel auf Walzen mußten hergebracht werden, genugsamen Platz verschaffte, und Gelegenheit gab, der Maißenkugel und der Wolfskugel nach Belieben beizukommen.

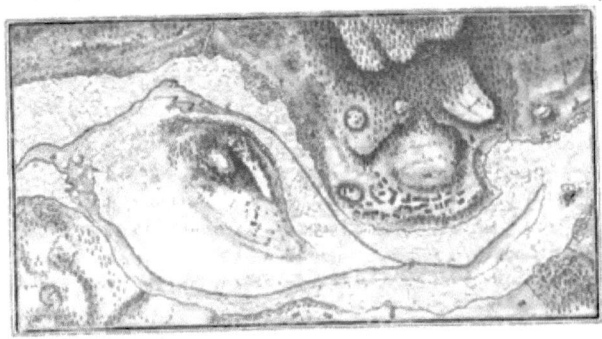

Auf der Vignette zeigt sich der mit Eiß bedeckte Strudel; die Oeffnung des Wassers durch den Hößgang a b, der zur Beförderung der Strudelarbeit, ausgehauene Kanal b c, der Teich d, der Eißdamm e e gegen den Wildriß, welcher beinahe drei Klafter, der Eißdamm f bei der Strudeleinfahrt, welcher 10 Klafter breit war; und durch aufgestreutes Stroh, und aufgegossenes Wasser sorgfältig verstärket wurde.

Der um den Teich herum fest stehende Eißdamm verhinderte den brausenden Anfall des Wassers viel wirksamer, als es die hydrotechnische Schwellflöße und Senkkästen hätten thun können, und war zugleich, obwol er auf der Seite gegen den Wildriß nicht ganz drei Klafter breit gewesen, so stark, daß man es sicher wagen durfte, die schwere Hebmaschine, welche sonst auf zwei Schiffen zu stehen pflegte, mit einem Ende, da es mit dem andern auf dem gewöhnlichen Arbeitsschiffe ruhete, auf den Eißdamm zu setzen. Nur diese Behutsamkeit und Vorsicht wurde dabei gebraucht, daß das Eiß, worauf das Ende der Maschine zu stehen kam, zuvor mit langen Bäumen belegt wurde, um den Druck der Maschine und der daranhangenden oft ungeheuren Felsenstücke auf einen größeren Umfang des Eißstoßes zu zertheilen.

Da man die Spreng- und Hebzeuge hergerichtet hatte, stand das Wasser über den höchsten Ort der Wolfskugel wider Verhoffen 18 Zoll hoch; ist auch die ganze Zeit hindurch, da die Strudelarbeit zwischen dem Eise gedauert hat, nicht unter 14 Zoll zu stehen gekommen. *

Daß

---

* Diese Wasserhöhe bei der sonst sehr kleinen Donau kam von dem Eißstoße her, welcher sich in dem Wirbel zusammen setzte, und das Wasser bei über den Strudel hinauf desto mehr aufschwellen machte, je einen kleinern Raum er dem herabkommenden Wasser zum Abfließen offen ließ.

Das Strudelwasser aber, welches nur ganz sanft unter dem Eiße herabkam, war ganz ruhig, und den Wasserarbeiten so günstig, daß bis zu Anfang des Monaths Februar, zu welcher Zeit das häufig ankommende Wasser den Stoß zu weichen gezwungen, und das Strudelwasser wiederum eröffnet hat, theils von dem Rücken der Wolfskugel, theils von der Gegend der Maißenkugel gegen 10 Klafter Steine sind hinweggesprenget, und aus dem Strom gewunden worden. Auf diese Art wurden die Strudelarbeiten, durch den Eißstoß mehr befördert, als verhindert. Nur Schade, daß diese Bequemlichkeit, im ruhigen Wasser zu arbeiten, nicht länger gedauert hat.

XVII.
Von Fortsetzung der Strudelarbeit nach dem Eißstoß.

Den 6ten des Monats Februar fieng der Eißstoß an ober Grein, bald darauf auch in dem Strudel zu weichen. Beim Wirbel aber war er fest, und stämmte sich in den Krümmen und Ecken desselben an dem Hausstein so gewaltig an, daß er dem in größter Menge herabkommenden, sich thürmenden Eiße, und dem ungemein hoch anschwellendem Wasser noch zwei Tage lang Widerstand leistete, bis er endlich den 8ten Februar Nachmittag unter ungeheurem Getöße gehoben, und zertrümmert worden.

Als sich das Wasser wieder verloren hatte, bemerkte man an dem Ort, wo die Hut hinweggesprengt worden war, bei D D ungewöhnliche Wellen, welche das Daseyn eines unter dem Wasser liegenden Steinfelsen verriethen. Es befand sich wirklich, daß ein großer Stein durch den kürzlich gehobenen Eißstoß neu hergebracht worden sey. Er wird sich von einem Felsen bei Grein, oder bei dem Raabenstein losgerissen haben, unter dem Stoßeiß, oder in dem Grundeiß verfrohren gewesen seyn, und ist, nachdem sich der Stoß zu heben angefangen hat, mit selbem, oder auf demselben gleichsam auf einem Floß in den Strudel hinabgekommen, endlich, weil allda die großen Eißmassen an den links und rechts stehenden Strudelfelsen nothwendig zerrissen worden, und eine kleine Masse ihn zu tragen nicht mehr vermögend gewesen ist, wird er zu Boden gesunken, und hier liegen geblieben seyn.

Da dieser Stein in seiner Lage der Schiffahrt vielleicht noch gefährlicher würde gewesen seyn, als die zuvor von eben diesem Orte hinweggesprengten lebendigen Felsen, ist er alsogleich angepackt und ohne ihn zu sprengen herausgewunden worden. * Nach dieser Arbeit, welche nicht konnte verschoben werden, wurden alle Kräfte auf die Hinwegschaffung der schädlichen Krümmung an dem Ufer bei H H verwendet, welche Krümmung,

---

* Dieser Stein, welcher nachher am trockenen Lande gewogen, und 36 Centner schwer befunden worden, gab Anlaß die herauszusprengen, und am Ufer nach bekannten Strudelfelsen in Sicherheit zu bringen, damit sie nicht auf gleiche Art in den Strom wiederum hineingebracht würden.

als die meiste Ursach des fürchterlichen Seitenausfalls I. durch wiederholte Sprengungen dergestalt ist gemindert worden, daß schon zu Ende des Monaths März die äußere Felsenreihe gegen das Wasser gänzlich geräumet; der innere Theil aber, gegen den Roßkopf bis unter das kleine Wasser erniedriget war. Zu gleicher Zeit, indem die Arbeiter, so viel es die Umstände zuließen, sind vervielfältiget und abgetheilet worden, wurde auch die an der Maißenkugel schon öfters angefangene oder jedesmal unterbrochene Arbeit wiederum vorgenommen, und so lange unermüdet fortgesetzet, bis dieselbe in ihrem ganzen Umfang vollkommen niedergesprengt worden.

Da dieser Hauptfels noch nicht vollkommen gehoben war, zeigten sich neue zuvor unbekannte Felsenhügel, die längst der Naufahrt in einer Reihe hinauflagen, und wie der neue Arbeit verursachten. Die wichtigsten davon sind auf dem Grundriß mit den Buchstaben M N O P bemerket. Sie waren bis nun unbemerkt geblieben, haben daher auch keinen Namen, aus der unfehlbaren Ursach, weil sie vorher niedriger, als andere dermalen schon weggesprengte gelegen, mithin von den Schiffleuten bei ihrer gewöhnlichen Wasserschaue, welche sie nur auf den höchsten Orten vornahmen, entweder nicht sind beobachtet, oder als unbesorgliche nicht sind geachtet worden.

Auch nach genauester Untersuchung ist es bei dergleichen Unternehmungen, wo das meiste tief unter dem Wasser verborgen liegt, nicht möglich alles vorhinein zu sehen und zu bestimmen. Anfangs ist das Augenmerk nur auf das Wichtigste gerichtet, über andere minder wichtig scheinende Gegenstände geht man hinaus, und lernet sie erst dazumal kennen, wenn das Wichtigste schon gehoben ist. Sobald die höheren Felsen zur genugsam sichern Tiefe der Schiffahrt beseitiget waren, kamen sie zum Vorschein, und würden in Zukunft um so gefährlicher gewesen seyn, weil man ihr noch unbekanntes Daseyn erst nach und nach durch Schaden hätte erfahren müssen.

Um dieser Gefahr vorzubeugen, wurden die gedachten neuen Felsenstücke, sobald es die Umstände erlaubten, angegriffen, zersprengt, und an das Ufer herausgezogen, welche Beschäftigung bei der schönsten günstigsten Witterung bis in den Monath Mai hinaus gedauert, und die Strudelarbeiten des zweiten Winters beschloßen hat.

Die Menge der Steine, die nach schon gehobenem Eißstoß von dem Wörtherufer, von der Maißenkugel, von den neu entdeckten Felsen annoch hinweggesprengt worden sind, war so beträchtlich, daß sie mehr als 70 Kubikklafter ausgemacht haben.

Ein besonderer Umstand hat zur Beförderung der angeführten Arbeiten zufälligerweise vieles beigetragen. Der Eißstoß hatte gleich oberhalb des Strudels einen Sandhaufen hingelegt, welcher den Hauptstrom in etwas aufschwellte, und einen beträchtlichen

Theil

Theil des Strudelwassers in den Hößgang, welcher ohnehin etwas mehr vertieft war, hinüber zu fallen zwang. Es konnten dennoch nicht nur alle Hohenauzüge, sondern auch die meisten Naufuhren durch den Hößgang hindurch kommen, folglich konnte auch der Strudel ohne die Schiffahrt zu hindern, meistens geschlossen bleiben, und die darinn auszuführende Arbeit auch in den Monathen März, April und Mai, in welchen sie wegen schon gelinderer Witterung und zunehmender Tageslänge viel ergiebiger ist, ruhig und ungestöhrt fortgesetzet werden.

Nur den größeren schwerbeladenen Naufuhren, welche durch den Hößgang nicht genug Wasser zu finden glaubten, wurde zu Zeiten der Weg durch den Strudel eröffnet. Hätten die Arbeitsschiffe einer jeden Naufuhr ausweichen müssen, würde ein beträchtlicher Theil der besten Zeit, zum größten Nachtheil der Strudelarbeit ohne Wirkung verflossen seyn.

XVIII.
Von einigen verunglückten Fahrzeugen während Strudelarbeit 1779.

Obwol zur Zeit der Strudelarbeiten die gewöhnlichen Warnungsfahnen ober und bei Grein ausgestellet waren, um die Naufuhren zu ermahnen, daß der Weg durch den Strudel dermalen geschlossen sey; so haben sich doch einige Floßfahrer, da man mitten in der Arbeit begriffen war, hineingewagt, und alles in die unumgängliche Gefahr der Zugrunderichtung gesetzet. Etlichen dieser einfahrenden Flößen konnte man durch äußerst geschwinde Anstalten noch ausweichen, indem die in freiem Wasser stehenden Arbeitsschiffe mit gesammten Kräften der Arbeiter zum Ufer herbei gezwungen, und die Seile entzwei gehauen wurden. Durch diese Vermittlung giengen sie ohne weitere Unglücksveranlassung den Strum durch. Einer aber von besonderer Größe, weil er zu schnell und unversehens daher kam, mußte an der Wolfskugel scheitern, sprengte die Seile von den Maschinenschiffen, den starken eisernen Ring von der Wolfskugel ab, und setzte sowohl seine eigene aufhabende Floßknechte, samt vielen Reisenden, als auch einige der Strudelarbeiter in die augenscheinlichste Lebensgefahr, welche theils durch Zufall, theils durch unerschrockenes Anstrengen aller Kräfte noch glücklich gerettet wurden.

Der schon oben angeführte durch den Eißstoß verursachte Sandhaufen, war zwar den Strudelarbeiten und den kleinen Naufuhren, die durch den Hößgang gehen konnten, mehr vortheilhaft als nachtheilig; den großen Fahrzeugen aber, die unumgänglich Strum fahren wollten, oder mußten, machte er, weil er in der besten

Naufahrtſtraſſe lag, eine ſehr mühſame und gefährliche Einfahrt in den Strudel, ſo, daß dieſer Haufen allein die Urſach der am 5ten April 1779 verunglückten Schiffe geweſen. Der Naufuhrer nämlich, welcher zwar bei ausgeſtellten Wahrnungsfahnen, vermög Verordnung, ohne vorläufige Anfrage in den Strudel nicht hätte hineinfahren ſollen, befließ ſich anfangs um dieſem vor der Naufahrt liegendem Haufen auszuweichen, ſehr nahe am Ufer einzufahren. Da er nachgehends glaubte, dem Lande gar zu nahe zu ſeyn, lenkte er das Schiff hindan, lenkte es aber zu gäh, und zu viel ſo, daß er von dem Strome ergriffen, gar zu weit vom Lande hinweg kam, und mit äuſſerſter Anſtrengung aller Schiffknechte nicht mehe vermögend war, der Wolfskugel zu entwiſchen, mithin nahe bei dem eingegoſſenem Ring, wo die Felſen nur 15 bis 18 Zoll tief unter Waſſer lagen, ſcheitern mußte *.

Vormals, da das Strudelwaſſer von der noch nicht hinweggeſprengten Krümmung HH gegen die Wolfskugel hinüber geworfen wurde, und die Naufuhren mit ſich zog, würde dieſer Haufen die Schiffahrt durch den Strudel ungemein beſchweret, vielleicht ganz unthunlich gemacht haben. Wal aber zur Zeit des geſchehenen Unglücks dieſer Sperren größtentheils hinweggeſprengt war, konnten ſchon dazumal bei noch ſtehender Sandbank die größten und ſchwereſten ſowohl Kehlhaimer als Klobzillen**, wenn ſie ſich nur in gewiſſer Nähe an dem ſchon geräumten Wörthufer hielten, mit voller Ladung, ungeachtet der Sandbank, durch den Strudel hindurch, und in einer mehr als überflüſſigen Entfernung von der noch ſtehenden Wolfskugel vorbeifahren, wie vor und nach dem verunglückten Schiffe geſchehen iſt.

Bei aller Möglichkeit glücklich durchzukommen, war dieſer Sandhaufen doch immer gefährlich, und ſetzte die Vorbeifahrenden in Furcht. Um dieſe zu heben, und die Naufuhrer, welche über die Lage dieſes Sandhaufens ungemein klagten, zu befriedigen, fieng man wirklich an, denſelben durch Abräumen zu ſchmälern, und würde befliſſen geweſen ſeyn, ihn gänzlich wegzuſchaffen, wenn man nicht vorgeſehen hätte, daß er ohnehin durch das erſte große Waſſer, (welches auch geſchehen iſt), ſelbſt deſto gewiſſer werde weggetragen werden, je weniger es möglich iſt, daß an einem Orte, wo das Waſſer ſo reißend iſt, Sand oder Schotter lang liegen bleibe.

XX.

---

*. Der eigentliche Ort, wo dieſe Scheiterung geſchehen, iſt auf der 7ten Kupferplatte auf beeen V Profil und Z bemerket.

** Die größten Gattungen der gewöhnlichen Donauſchiffe werden Kelhaimerinnen und Klobzillen genennt.

XIX.
Von dem Vorkopfe der Wörtherinsel.

Es ist schon oben §. 1. gemeldet worden, und zeigt sich auf allen Grundrissen, daß auf der Wörtherinsel, oberhalb der Strudelfelsen, der gleichgedachten neuen Sandbank gerade gegenüber bis zum Einfluß des Hößgangs ein dichter Sandhaufen hinausläuft, welcher den Vorkopf dieser Insel ausmacht.

Da die anwachsende Donau die neue Sandbank aus der Naufahrt wegzuschaffen angefangen hatte; schien sie auch diesen Vorkopf anzugreifen und das sandigte Ufer wegzuspielen. Wenn nun die Donau, welche itzt nach gereinigter Einfahrt in den Strudel häufiger als vorhero hineinströmt, diesen Vorkopf mittler Zeit merklich abräumen und hinwegschwemmen sollte, welcher Gefahr ein dergleichen Sandhaufen allezeit ausgesetzet ist, so würden die letzten oberhalb des großen Roßkopfs liegenden Felsen entblößt da stehen, mithin den Strom, welcher in diesem Falle mit ganzer Gewalt darauf anstossen müßte, als ein schädlicher Ableitungssporrn eben so gegen das Bombengehäckelt hinüber werfen, wie es zuvor die Felsen H H, da sie noch nicht bearbeitet waren, gegen die Wolfskugel gethan haben.

Um dieser obwohl weit entfernten Gefahr zu rechter Zeit vorzubeugen, wurde gleich dazumal, da man es am ersten bemerkte, eine Vorstellung gemacht, und eine der Gefahr angemessene Uferbefestigung, nämlich eine standhafte, bis 80 Klafter lange, gegen den Einfluß des Hößganges längst dem Haufen hinauf zu führende Steinmauer vorgeschlagen, welche an die oberen Felsen des Wörtherufers anzuhängen, und wider den Eißstoß standhaft zu versichern wäre.

Diese errichtete Steinmauer, wenn sie zur Erhaltung des Vorkopfes und zur Abwendung der erwehnten Gefahr noch ferner nothwendig zu seyn sollte erkennet werden, würde zugleich der Schiffahrt noch einen andern Vortheil verschaffen, und zu einem bequemen Hufschlage* über das steinigte Wörtherufer, welcher zur Erleichterung der Gegenzüge eben so erwünschlich ist, als zuvor zur Sicherheit der Fahrzeuge die Heraussprengung der Strudelfelsen gewesen war, einen herrlichen Anfang machen; welcher Vortheil allein, ohne ein anderes Absehen dabei zu haben, eine gnugsame Bewegursach seyn könnte, die Errichtung der vorgeschlagenen Steinmauer nicht unausgeführt zu lassen.

---

* Von diesem Hufschlage, als von einem blos nöthigen Gegenstande, wird in §. XXII. die Rede seyn.

XX.

Von fernerer Fortsetzung der Strudelarbeiten im dritten Winter 1779–80.

Von dem Tage an, als die im zweiten Winter vorgenommenen Strudelarbeiten aufgehöret hatten, wurden, wie im vorigen Sommer, alle Veränderungen sorgfältig beobachtet, welche sich in der Durchfahrt durch den Strudel und besonders bei dem gefährlichen Seitenausfall geäußert hatten. Die ungeheuren Wasserwogen, welche zuvor über die Seitenwände der Fahrzeuge hinaufgeschlagen hatten, zeigten sich auf der Strumfahrt nicht mehr; der gefährliche Seitenausfall bei L, war sehr viel gemindert*, der Strom teurbe nach geminderten Felsen H H nicht mehr so heftig gegen den Wildriß hinübergeworfen; folglich war auch die Wolfskugel nicht mehr so fürchterlich. Die ganze Fahrtstraße durch den Strudel gieng nach hinweggetragenem Sandhaufen, den der Eißstoß oberhalb des Strudels hatte hingelegt, mit dem abgeräumten Ufer parallel fort, daß also die Nauführer, wenn sie ohne Versehen, oder ohne plötzlichen Zufall in der üblichen Naufahrt des Strudels eingeführet werden, ohne Gefahr hindurch kommen, um so sicherer, als die Schiffleute sich durch der Ruderhilfe bestreben, dem mittägigen Strudelufer nahe zu bleiben.

Was man zu noch größerer Sicherheit der Schiffahrt in dem Strudelwasser noch wünschte, und in dem dritten Winter zu bewirken hoffte, war eine fortzusetzende Hinwegsprengung des Wörtherufers H H und E E, vielleicht auch noch eine Nacharbeitung an dem Rücken der Wolfskugel oder an der Hut; durch welche Arbeit man den schädlichen Ablenkungssporrn vollkommen zu heben, den schon geminderten Seitenausfall bei L gänzlich zu tilgen, der ganzen Strudelnaufahrt eine genugsame Tiefe und Breite zu verschaffen nicht zweifelte.

Um bei erster Gelegenheit nicht gesäumet zu werden, waren schon im Monath Oktober alle Nothwendigkeiten in Bereitschaft, und die Zeit, welche in dem Strudel etwas vorzunehmen gestattet, wurde mit desto größerer Ungeduld erwartet, je wirksamer man diesen Winter die Studelarbeiten zu betreiben entschlossen war. Allein der ganze Winter war diesen Arbeiten sehr ungünstig; denn in den Monathen November und

De

December 1779 hat die um diese Jahrszeit ungewöhnlich grosse Donau alle Unternehmungen, unmöglich gemacht, und noch im Monath Jänner 1780 wurde die reelle Handanlegung von den vielen Treibeis ungemein erschweret.

Man wagte es doch. — Weil es aber wegen der Höhe des Wassers und häufig rinnenden Eises allzugefährlich, ja nicht möglich schien, die hydrotechnischen grossen Pontons und Kästen, welche in vorigen beiden Wintern das Wasser zu schwellen, und das Eiß abzuleiten sehr gut gedienet haben, dießmal auf den Strom zu bringen, so mußten die Arbeitsschiffe derselben Stelle vertreten, welche eben so wie es §. X. beschrieben ist, ausgerüstet, am Einfluß des Strudels dem Eise in schiefer Stellung entgegengesetzt wurden; wo sie gleich einem wirksamen Sporren dasselbe jenseits des Strudelufers hinübergeleitet, und den Arbeitsplatz bei HH davon befreiet haben.

Nur jenes Eiß, welches von dem Nachschub der Eißmenge unter die Böden der Sporrnschiffe durchgedrängt wurde, schwamm auf den Arbeitsplatz hinab, war aber schon meistens zertrümmert, und hatte seine Geschwindigkeit verloren. Solchergestalt konnte die Arbeit, die meistens nur in noch fernerer Fortsprengung des Wörtherufers HH und der Felsen KK bestund, sicher vorgenommen und bis den 16ten Februar auch öfters späte Abende hindurch bei Fackeln und Mondenlicht betrieben werden.

Vom 16ten bis 21ten Februar war die Kälte in dieser Gegend so außerordentlich durchdringend, und das Treibeiß kam in solchem Uebermaaße, daß die Arbeiter nicht bestehen konnten, und die Arbeit größtentheils ins Stecken gerieth.

Es zeigte sich zwar, nachdem sich das häufigste Eißrinnen in etwas vermindert hatte, noch eine Hoffnung ferner arbeiten zu können, welche aber nur wenige Tage gedauert hat; denn am 7ten März fieng das Wasser so zu wachsen an, daß man die Strudelarbeit für dieses Jahr gänzlich aufzuheben gezwungen wurde.

Während dieser kurzen Arbeit in dem rauhesten Winter sind doch mittelst unermüdeter Thätigkeit von den schon vorhin vertieften Felsen HH und EE noch bis 8 Kubikklafter Steine aus dem Wasser herausgesprengt, und an das Land gebracht worden; worunter mehrere waren, auf deren oberstem Theile weißlichte glatte Flecken, die man im hellen Wasser deutlich unterscheiden konnte, und für unfehlbare Merkmale von aufgegriffenen Schiffen hielt, sind bemerket worden.

Man hat guten Grund dafür zu halten, daß dieses Aufgreifen der Schiffe erst im Frühjahre oder im Herbste des Jahres 1779 vorgegangen sey*; denn, weil die Naufuh-

---

* Da jene Steine, die man beim Anlaß der Strudelarbeiten geschwemmet, und in den aufschlägigen Tiefen beobachtet bat liegen lassen, durch die Dauer von 2 Jahren an ihrer angeschwemmten Seite, die weiße Farbe verloren haben, welches auch die erhobenen Flecken und Streifen, im Fall selbe vom Jahre 1777 oder 1778 herrühren sollten, nicht mehr zu unterscheiden gewesen seyn.

ren, nachdem durch die Arbeit an dem Wörtherufer das Strubelwasser beinahe eine entscheidende Wendung bekommen hat, und die Hauptklippen, worüber, und zwischen denen sonst die Fahrt gehen mußte, aus dem Wege sind geräumt worden, auch bei kleinem Wasser, wo sie in andern Jahren den Strudel ohne beträchtliches Schiften nicht hätten passiren können, öfters mit ganzer Ladung, und die schweren Gegenzüge mit zweien stark getauchten Schiffen ohne alles, oder doch, gegen den vorigen Jahren mit geringem Schiften, den Strudel nahe bei dem Wörtherufer durchgefahren sind, haben sie diese, dazumal noch zu hoch stehende Felsen leicht berühren, und diese Merkmale darauf hinterlassen können.

Obwol bei dieser kurz daurenden Arbeit noch mehr ist zu Stande gebracht worden, als man in Betracht der ungünstigen Umstände hätte hoffen können, so war es doch sehr betrübt, daß die genugsame Vertiefung des Wörtherufers, die man noch diesen Winter vollkommen auszuführen den sichern Antrag gemacht hatte, auf den folgenden hat müssen verschoben werden.

XXI.
Von der Beschaffenheit des Strudels im Jahr 1780.

Obwol die Strudelverbesserung durch die verflossenen drei Winter ihre Vollkommenheit noch nicht erreicht hatte; konnten doch die Schiffahrer, da sie die gegenwärtigen Umstände mit den vorigen verglichen, schon dazumal die Wichtigkeit der bis dahin ausgeführten Arbeit nicht verkennen; und die nach so vielen herausgesprengten Grundfelsen vertiefte, nach hinweggeschaften Wörtherufer verbreiterte Durchfahrt durch den Strudel, erzwang auch bei denjenigen einen allgemeinen Beifall, die anfangs den Strudelarbeiten nicht geneigt zu seyn schienen.

Nur einer mehreren Vertiefung einiger Felsen besonders bei HII*, nahe am Wörtherufer und der Hut, nahe an dem Kopf der Wolfskugel sah man mit Verlangen noch entgegen; denn obwol die Nauführen schon izt vermög der Tiefe vollkommen sicher; in Ansehung der Breite aber viel sicherer, als zuvor den Strudel hindurch fahren können; so wird doch beim Durchfahren noch eine große Behutsamkeit erfordert, daß sie aus übertriebener Sorgfalt sich von den Dreispitzen und von der Wolfskugel weiter zu entfernen, nicht den gegenseitigen Felsen, welche an dem Wörtherufer noch zu viel hervorragen, zu nahe kommen.

Es

---

* Die Sprengung des Ufers HII ist zwar anfangs nur in der Absicht unternommen worden, daß der Anfall bei L verhindert, oder wenigstens vermindert werde; nicht aber daß so, wo das jetzige Ufer steht, Schiffe gehen sollen. Allein wegen verbesserter Naufahrt, trägt sie auch zur Schiffahrtsicherheit sehr vieles bei.

Es sind zwar diese Felsen, welche zuvor gegen 8 Klafter in den Strom hinein gereicht hatten, gegen die Mitte des Stroms schon so weggeschaft, daß die Naufahrt, welche, so lange das selbigte Ufer in seiner vorigen Höhe da gestanden, auf einigen Orten, besonders bei dem großen und kleinen Roßkopf kaum 5 Klafter breit gewesen, schon um 4 Klafter erweitert ist: nahe am Ufer aber vom Rande des Wassers 3 bis 4 Klafter in den Strom hinein, sind sie noch nicht so tief niedergesprengt, daß bei kleinem Wasser* Schiffe darüber gehen könnten. Die schweren Fahrzeuge demnach, um nicht gefährlich daran zu stoßen, müssen noch immer gegen 4 Klafter davon entfernt bleiben.

Da nun die Sicherheit der Strudelfahrt in eben jenem Verhältniße größer wird, in welchem sich die Schiffenden näher an diesem Ufer halten dürfen, so zeigt sich die Wichtigkeit der schon so oft erwähnten Vertiefung selbst; und erweckt einen neuen Eifer dieselbe mit allem Ernste zu Stande zu bringen.

Um dieses gründlich vorzustellen, und sowol die schon hergestellte Arbeit deutlicher zu zeigen, als die noch zu unternehmende richtiger anzugeben, zugleich auch um die wahre Beschaffenheit des itzigen Strudelwassers allenthalben begreiflich zu machen, hat man die dermalige Tiefe der weggesprengten Felsen quer durch das Strudelwasser hindurch, von dem großen Roßkopf bis zum Bombengehäckelt; und vom kleinen Roßkopf über die Hut bis zur Wolfskugel an verschiednen Plätzen nochmal genau sondirt, und die gefundene Tiefe geometrisch aufgetragen.

Aus mehreren Profilen, die den Durchschnitt des eigentlichen Strudels vorstellten, sind zum gegenwärtigen Vorhaben, besonders fünf gewählt worden, welche nebst einem besondern Grundriß des geräumten Strudels und des abgeglichenen Wörtherufers auf der VII Kupferplatte erscheinen.

Die Profile beziehen sich der Reihe nach, auf die fünf Linien, die auf dem Grundriße quer über das Strudelwasser gezogen sind, und zeigen sowel die schmälesten Plätze der vorigen, als die Breite der dermaligen Strudelaufsahrt an.

Auf dem ersten Profile zeigt sich eine aus den Dreispitzen; diejenige nämlich, die auf dem Grundriße der II Tafel mit dem Buchstaben F bemerkt ist; das Bombengehäckelt, und das mittägige Ufer ober dem großen Roßkopf: auf dem zweiten und dritten der große Roßkopfsfels mit dem untersten Theil des Bombengehäckelts: auf dem vierten und fünften der kleine Roßkopf mit dem Kopf der Wolfskugel, und mit dem obern Theile der sogenannten Hut.

L 2

Alle

---

* Kleines Wasser ist dazumal, da der erhabenste Theil des Bombengehäckelts über die Oberfläche des Stroms hervorragt, und der Kopf der Wolfskugel 8 bis 9 Zoll darunter liegt.

Alle diese Felsen sind so gezeichnet, wie sie anfangs waren; der weggesprengte Theil aber unterscheidet sich von dem noch stehenden durch die Farbe; indem der erstere weißer, der andere schwärzer erscheint*. Die gezogenen Linien x y bestimmen das Maaß der Tiefe, nach welchem das Wörtherufer bei den kleinen und großen Roßkopfsfelsen noch wegzusprengen der Antrag ist.

Bei dem ersten Anblicke dieser Zeichnungen bemerkt man leicht, wie breit die Durchfahrt durch den Strudel? wie hoch ein jeder aus den gedachten Felsen vormals gewesen? wie sie dermal sind? und wie sie nach gänzlich vollendeter Arbeit seyn werden.

Die gesprengten Felsen nämlich, (nur diejenigen ausgenommen, die nahe am Wörtherufer noch gegen 2 Schuh tiefer wegzusprengen sind,) liegen bei kleinem Wasser wenigstens 4 Schuh tief, welche Tiefe zur Sicherheit der Schiffahrt auf der Donau genug zu seyn scheint; indem die schwer beladenen Donauschiffe bei so kleinem Wasser wenn sie 4 Schuh tief gehen, ohnehin an mehr andern Orten mit ganzer Ladung nicht fortkommen können.

Wenn die gedachten Felsen nach schon angemerkter Bestimmung werden aus dem Wege geräumt seyn, wird die Fahrtstraße noch gegen 4 Klafter breiter werden, das ganze Wasser wird noch viel gerader in die gereinigte Naufahrt hinein und mit selber fortlaufen; mithin werden die Fahrzeuge zum Wörtherufer, welchem sie dermal noch immer mit Furcht ausweichen, ganz nahe hinzu, und längst demselben ohne alle Gefahr irgendwo anzustoßen, gerade fortfahren dürfen.

XXII.

Von dem Hufschlag über das Wörtherufer.

Solang bei der Strudelfahrt die vorige Wassergefahr noch vor Augen schwebte, und die schädlichen Steinklippen noch im Wege stunden, waren die Schiffahrer nur um die Sicherheit ihrer Fahrzeuge bekümmert. Gelung es einem Gegenzuge den Strudelfelsen glücklich auszuweichen; so trugen sie kein Bedenken mit Gelassenheit zuzusehen, wie die Zugpferde über die schroffigen Steine, wo sie zu einem sichern Auftritt oft keinen Platz fanden, nicht ohne Gefahr fortkletterten, und wenn das Ufer, wie es bei jedem großen Wasser geschah, gänzlich unwandelbar schien, waren sie mit dem zufrieden, daß die größten Vertiefungen und Zwischenräume der Felsen mit Stein und Schotter zur Noth ausgefüllet wurden.

Für

---

* *Die Höhe der auf dem Grundriß der II Kupfertafel mit Buchstaben angezeigten Schnellhölz A 2 2 2 2; der Marktkugel B; der Dreispitze C; der Maisenkugel G; der Falke EE, KK; und des untersten Theils der Hut DD; weil diese dem Flußbette beinahe gleich weggesprengt sind, war nicht aussprechlich in besonderen Profilen anzuzeigen.*

Auf allen fünf Profilen, erscheint auch der Durchschnitt einiger Felsen in dem Bildriß, von denen aber, weil bei kleinem Wasser kein belobtes Schiff selbe berühret, keine Meldung geschieht.

Für einen standhaften Hufschlag über das felsigte Ufer, wie nothwendig die Herstellung desselben in Rücksicht auf die Gegenzüge immer seyn möchte, war man nicht viel besorget*; oder die Sorgfalt war nicht wirksam, theils, weil die Bequemlichkeit der Zugpferde bei noch stehender Wassergefahr weniger dringend schien; theils, weil man nicht zweifelte, daß nachdem die mühsam, und kostbare Steinsprengung unter dem Wasser würde vollendet seyn, auch die Herstellung dieses Hufschlags, ohnehin desto gewisser werde vorgenommen, und ausgeführet werden, je weniger sie, als eine Arbeit, die auf trockenem Lande geschieht, besondern Schwierigkeiten ausgesetzt seyn kann.

Sobald die Schiffahrer die Sicherheit in dem Strudelwasser hinlänglich werden hergestellt sehen, wird das felsigte Ufer der meiste Stof ihrer Aufmerksamkeit, und ihre Klagen wider den eleuden Weg über die trocknen Felsen werden in Kürze so allgemein, auch nicht vielweniger gegründet seyn, als sie zuvor wider die gefährliche Wasserstraße gewesen sind; denn, weil zu einer wohlbestellten Schiffahrt auch die Gegenzüge gehören, wird solang, bis zur Erleichterung derselben ein sicherer, bequemer Hufschlag zugerichtet ist, zur vollkommenen Strudelverbesserung noch immer ein wesentlicher Theil mangeln.

Die vorläufigen Bestimmungen zu einem solchen Hufschlag sind schon lange gemacht; und wenn man nicht eingesehen hätte, daß die Herauswindung der noch zu sprengenden Strudelfelsen desto beschwerlicher seyn würde, jemehr das Ufer erhöhet ist, würde die Errichtung desselben nicht bis zur Vollendung der Strudelräumung seyn verschoben worden.

Die Richtung des Hufschlags nach den über das Wörtherufer gezogenen 2 Linien von A hinab bis H, und hinauf bis D ist als die regulaireste, und schicksamste festgesetzet. Von D aber über E bis F ist die Fortsetzung desselben zwar beschlossen, und wird auch vermuthlich so zu Stande zu bringen seyn, doch könnten sich Umstände äussern, die von diesen Punkten abzuweichen veranlaßten.

Die Höhe dieses Wegs ist nach Maaß des höchsten Wassers auf 2 Klafter; die obere Breite auf 5 Klafter angetragen, und seine Länge wird sich über das felsigte Ufer von H bis E über 100 Klafter, und oberhalb der Felsen über den sandigten Vorkopf, zu dessen Beschützung wegen anscheinender Gefahr oben §. VIII. eine starke Steinmauer ist vorgeschlagen worden, von E bis F gegen 40 Klafter noch hinauf erstrecken müssen.

* Bei G H auf der VII Kupfertafel, war vor Zeiten ein alter mit Holz bekleideter Hufschlag; durch seine Dauer aber, und durch große Gewässer ist er bis auf 4 Schuh schmal geworden, und seine morsche Bekleidung baufällig.

Die Grundfeste zu diesem Baue, wird meistens das selbige Ufer selbst seyn, nur zwischen dem kleinen Roßkopf und dem sogenannten Keller bei B, wo die Felsen unterbrochen sind; wie auch oberhalb, wo der sandigte Vorkopf anfängt, bei E hinauf wird ein fester Grund müssen angelegt werden, wozu die durch drei Winter gesprengten Strudelfelsen, davon noch über 130 Kubikklafter am Ufer liegen, schon gewidmet sind, und nächst folgenden Winter werden verwendet werden.

Zur Sicherheit endlich wider den Eißstoß und wider große Ueberschwemmungen wird der ganze Weg obenher durchaus zu pflastern, und an beiden Seitenwänden mit zugehauenen Felsenstücken zu bekleiden und zu verstärken seyn.

Ein auf diese Art vollkommen hergestellter Hufschlag wird nebst der Erleichterung, die man den Gegenzügen dadurch zu verschaffen sucht, auch den Naufuhren gute Dienste thun; mithin die Wohlthat der geschehenen Strudelarbeiten auf einen ansehnlichen Grad erhöhen.

Er wird nämlich, weil er als ein von weitem schon sichtbarer Steindamm am Rande des Ufers da stehen wird, den Herabfahrenden die beßte Richtschnur seyn, nach welcher sie ihre Fahrzeuge leiten, und ganz nahe am Ufer den Strudel sicher durchfahren können.

XXIII.
Von Strudelarbeiten im vierten Winter 1780-81.

Schon im Monath November waren die Arbeitsschiffe, die Schwellmaschinen, die Bohr- Spreng- und Hebzeuge in Bereitschaft. Die Strudelarbeit aber fieng erst mit dem Monathe December an.

Der erste Gegenstand war das schon so oft gedachte Wörtherufer HH, welches bei dem großen Roßkopf mit vereinigten Kräften angepacket wurde.

Bei der anfangs sich zeigenden guten Witterung und kleinen Wasserhöhe zweifelte man nicht, die vorhabende Strudelarbeiten in Kürze vollkommen zu Stande zu bringen. Allein wie sehr man es sich immer angelegen seyn ließ, dieselben zu beschleunigen; so hat doch der dießjährige Unbestand der Witterung, und die beständige Veränderung des Wassers, welches zwar durch einige Tage sehr klein gewesen, aber in einem Zusammenhange niemal länger als 5 Tage; öfters nur 2 Tage klein geblieben ist, die gefaßte Hoffnung dergestalt vereitelt, daß durch die 2 Monathe December 1780 und Jänner 1781, durch welche der Strudel konnte bearbeitet werden, nach aller angewendeten

ten Mühe nicht mehr als 6 Kubikklafter Felsen aus dem Wasser haben können herausgebracht werden.

Bei der Manipulation, die von der in vorigen Jahren gebräuchlichen sonst nichts unterschieden war, scheint ein einziger Umstand zu verdienen, daß er nicht unbemerkt gelassen werde.

Man wußte aus der Erfahrung schon vorhinein, daß in der ganzen Strecke HH das Stück bei dem grossen Roßkopf der beschwerlichste Theil zu bearbeiten seyn werde; denn an diesem Orte ist der Strom so außerordentlich reissend, daß man auch bei klarem Wasser mit dem Auge auf den Grund, der zu bearbeiten war, nicht durchdringen, den zu sprengenden Felsen mit dem Sprengzeuge, den weggesprengten mit den gewöhnlichen Hebbäumen und Greifzangen sehr hart, und niemal ohne Gefahr beikommen konnte.

Dieser Umstand machte alle desto aufmerksamer, und desto sorgfältiger ein erleichterndes Hülfsmittel ausfindig zu machen, je mehr die Arbeit dadurch gehemmet wurde.

An dem obern Theil HH, wo der Strom weniger schnell fließt, hat man bei stärkerer Kälte bemerket, daß das Grundeiß unter dem Wasser in größerer Menge erzeuget, und falls die Sonne nicht durchdringlich schien, zwischen den Grundfelsen öfters durch mehrere Tage erhalten werde.

Die Dauer dieses Grundeisses suchte man auf folgende Art zu nutzen. Weil eben einige Arbeitsschiffe in schräger Richtung dem rinnenden Eisse entgegen gestellet, und mit dem Ufer durch Holzstämme verspreitzet waren, ließ man eines von diesen Schiffen, das letzte unterste, gegen den Grund des Wassers hinab, mit Brettern, so gut es angieng, umkleiden, um dem Grundeisse Gelegenheit zu geben, sich vermehren zu können.

Der Zweck wurde glücklich erreichet, das am Grundbette erzeugte Eiß reichte bald bis an den Boden des letzten Schiffes hinauf, vertrat die Stelle eines wirksamen Ableitungssporren, und verursachte eine Schwellung, daß gleich unterhalb auf dem Arbeitsplatze die Wasserhöhe um mehr als ½ Schuh erniedriget; die Geschwindigkeit des reissenden Naurinnens viel gemindert, und die Arbeit so befördert wurde, daß man ohne diese Vorkehrung kaum mit dreimal mehr Zeit und Mühe eine gleiche Wirkung zu machen würde seyn vermögend gewesen.

Mit Ende des Monath Jänner mußte die Strudelarbeit wegen einfallender sehr üblen Witterung nicht nur unterbrochen werden, sondern, weil die ganzen Monathe Hornung und März viel zu ungünstig waren, für gegenwärtiges Jahr gänzlich aufhören, mithin auch die vorgenommene fernere Vertiefung des auf künftigen Winter unausgeführt bleiben.

Die zu der Strudelverbesserung gedungenen Arbeiter hat man zu jener Zeit, wo sich im Wasser nichts vornehmen ließ, indessen auf dem felsigten Wörtherufer beschäftiget, und zur Herstellung eines Hufschlags durch Anlegung einer standhaften Grundfeste den Anfang gemacht.

Zwischen dem kleinen Roßkopf, und dem Keller, wo eben das Ufer am tiefsten liegt, wurde hiezu die erste Hand angelegt.

Die gelegte Grundfeste, welche aus lauter grossen, von dem Strudel herausgesprengten 50 bis 80 Centner schweren Felsenstücken bestehet, ist dermalen im Monath März 1781 schon 10 Klafter 4 Schuh lang, 8 bis 9 Schuh breit, und die Helfte davon in einer genugsamen Höhe schon aufgeführet; die andre Helfte aber reichet nur bis 6 Schuh über den Grund hinauf, wartet demnach eben so, wie die noch vorgenommene Vertiefung des Wörtherufers und der Hut auf eine fernere Fortsetzung, welche, weil die Reihe der Arbeiten schon bestimmet ist, keine weitere Untersuchung, keine neuen Vorschläge; und weil die nothwendigen Werkzeuge, Maschinen, Geräthschaften, auch geübte Arbeiter ohnehin in Bereitschaft sind, keine besonderen Unkosten erfordern wird.

XXIV.
Von den Arbeiten, die sich noch ferner an dem Strudel äußern könnten.

Wenn man dasjenige, was zur Strudelverbesserung anfangs verlanget, vorgeschlagen und beschlossen war, mit dem, was bishero daran gearbeitet worden ist, gegen einander hält, zeiget sich, daß gewiß doppelt soviel, oder noch mehr sey zu Stande gebracht worden, als der erste Antrag gewesen, als die Schiffahrer selbst gewünschet haben.

Es waren nämlich ihre Wünsche dazumal nur auf die wichtigsten Gegenstände, nur auf die Behebung der unumgänglichsten Gefahr beschränket; weil sie jene Bemühungen und Versuche, welche an diesem berufenen Orte schon öfters sind unternommen, aber allezeit muth- oder fruchtlos geworden, noch in frischem Gedächtniß hatten, getraueten sie sich nicht auf eine vollkommene Abhilfe einen Antrag, vielweniger eine Hoffnung zu machen; sondern ließen sich mit Hindanschaffung jener Felsen befriedigen, die bei der Durchfahrt die gefährlichsten zu seyn schienen.

Hätten sie vor angefangenen Strudelarbeiten geglaubt, daß die Hauptklippen, anstatt sie nur um einen, oder einige Schuhe abzusprengen, vollkommen aus dem Wege geräumet, — daß das felsigte Wörtherufer, welches man nur abzugleichen verlanget hatte, auf mehrere Klafter gänzlich hinweggesprengt, — daß blos in Wintermonathen,

bei

bei rauhester Witterung, unter häufigen Treib= und Stoßeise gegen 140 Klafter Steine aus dem Grund des reissenden Stroms herausgebracht — daß endlich diese gefährliche harte Arbeit, in so kurzer Zeit, mit so leidentlichen Kosten ausgeführet werden sollten, würden sie sich gewiß mit dem sparsamen anfangs gemachten Vorschlage sich nicht begnüget, sie würden schon dazumal mit anhaltenden Bitten auf alles dasjenige gedrungen haben, was bishero unternommen worden, was noch auszuführen der Antrag ist.

Diese letzten Arbeiten bei dem Wörtherufer und auf der Hut, mit denen man die vorgenommene Strudelverbesserung zu beschliessen hoffet, sind dermalen der Gegenstand allgemeiner Wünsche.

Nachdem das ganze Wörtherufer H H bis zur Schiffahrtstiefe wird niedergearbeitet, und die Wolfskugel durch mehrere Vertiefung der Hut um etwas geschmälert seyn, wird man innerhalb des eigentlichen Strudels zu grösserer Schiffahrtsicherheit kaum etwas mehr nachzuarbeiten haben; denn weil schon itzt die Einfahrt in dem Strudel reine und sicher, — weil der Seitenausfall bei L viel gemindert, — weil die Durchfahrt nach der dermaligen Naufahrtslinie tief genug — auch hinlänglich breit ist, so können die Nauführer versichert seyn, daß sie mit gehöriger Aufmerksamkeit, und Kenntniß des Orts — zu allen Zeiten, in welchen die Schiffahrt auf andern Donaustrecken getrieben wird — mit voller Ladung — auch mit Doppelfuhren — ohne Gefahr durch den Strudel fahren werden.

Anfangs war zwar der Antrag die ganze Wolfskugel wenigstens um 2 Schuh niederzuarbeiten; und einige werden noch darauf bringen. Man ist aber gleich bei der ersten Winterarbeit davon abgegangen, und hat beschlossen den Kopf derselben unberührt stehen zu lassen *.

In gegenwärtigen Umständen, obwol die Ursache, wegen welcher dieser Kopf dazumal ist verschonet worden, schon aufgehört hat, scheint die Hinwegsprengung desselben nicht nur nicht nothwendig, sondern auch nicht rathsam zu seyn; theils weil die Fahrtstrasse ohnehin breit genug ist, und der Strom nach gemindertem Seitenausfall nicht mehr so stark gegen die Wolfskugel anfällt, theils weil das Strudelwasser nach niedergesprengter Wolfskugel sich zuviel ausbreiten, mithin zum Nachtheil der Schiffahrt seine Tiefe verlieren würde.

Außer=

---

* Dieser Kopf blieb stehen, um der Schleusenströmung zwischen dem Bombengeböckel und der Wolfskugel, was selber zur Abwendung des Seitenausfalls bei L sehr nothwendig gewesen, daran zu befestigen. Siehe §. XLIII. Seite 24.

Außerhalb des eigentlichen Strudels über das felsigte Wörtheruser erwarten die Gegenzüge mit vieler Begierde die vollkommene Herstellung des schon angefangenen Hufschlags; und unterhalb bei dem Ausfluß des Strudels an dem sogenannten Keller, welcher mit dem Wörtherufer in einer ununterbrochenen Reihe zusammenhängt, würde eine Verschmälerung der in den Strom hineinreichenden Felsen, welche als ein natürlicher Steinsporrn das Strudelwasser gegen den am linken Ufer bei dem Ausfluß des Waldwassers sich befindenden Felsenrücken, gegen das Geländer hinüberwerfen *), der Schiffahrt sehr gute Dienste thun.

So lange die Strudelfelsen in ihrer vorigen Höhe noch da standen, haben die Nauführer, welche dazumal nur um den Strudel besorget waren, und die minder wichtigen Gegenstände nicht achteten, keine besondere Gefahr dabei bemerket, oder sie haben dieselbe nicht gefürchtet, mithin sich nicht viel darüber beschweret.

Sobald man aber die Strudelverbesserung wirksam vorzunehmen, und die Donau in dem geräumten Strudel nach Maaß der herausgesprengten Felsen freier und in größerer Menge hineinzuströmmen angefangen hat, zeigte sich auch die Wirkung der Kellerfelsen deutlicher, der Anfall des reißenden Stroms schien oder wurde immer gewaltiger, und die Nauführer sehen sich gezwungen nach schon zurückgelegten Strudel noch alle Mühe und Aufmerksamkeit dahin zu verwenden, damit sie mit ihren Fahrzeugen auch bei diesen zuvor nicht gefürchteten Gegenständen, bei dem Keller und bei dem Geländer glücklich vorbeikommen.

Die Hinwegsprengung der Felsen am Keller wird den Schiffern auch diese letzte Furcht benehmen; und so wird das Werk der lange gewünschten Strudelverbesserung, welches zur Sicherheit der Schiffahrt, zur Bequemlichkeit des Handels, und zum Vortheil unsrer Länder von der verewigten **Maria Theresia** unternommen, und von Ihrem gleich **großen** Nachfolger **Joseph** vollendet worden, ein ewiges Denkmal der Sorgfalt für das gemeine Beste, der Wohlthätigkeit und Menschenliebe dieser allergnädigsten **Monarchen** bleiben.

Erklärung der Kupfertafeln.

Die erste Tafel stellt den Grundriß der ganzen Gegend vor, von dem Raabenstein ober den Strudel bis St. Nikola unter dem Wirbel. Es erscheinet da der **Strudel** oder **Strum**, der **Hößgang**, der **Wörth** oder **Wörtherinsel** mit dem alten Schloß, der Markt und Schloß **Struden** oder **Werfenstein**, der **Wirbel**, der **Hausstein** mit dem **Lueggang** ꝛc. Durch die punktirte Linie wird innerhalb des Stroms die **Naufahrt** oder die Fahrtstraße der hinabfahrenden Schiffe, und auf dem Ufer der **Gegentrieb**, der **Pferdsteig** oder **Hufschlag**, das ist derjenige Weg angedeutet, welchen die Zugpferde, da sie eine Gegenfuhr hinauf treiben, zu machen haben.

Die zweite stellt den Grundriß des Strudels allein, nach einem größern Maaßstabe so vor, daß man jede einzelne Felsen, und ihre wahre Lage unter dem Wasser deutlich ausnehmen kann; die gefährlichsten davon, welche aber dermalen im Jahre 1781 meistens schon heraus gesprengt sind, entscheiden sich durch beigesetzte Buchstaben. Die punktirte Linie zeiget wiederum innerhalb des Wassers die **Naufahrt** durch den **Strudel**, und den **Hufschlag** über das felsigte **Wörtherufer** an.

Auf der dritten zeigt sich die Ansicht des **Strudels** gegen Abend. Es erscheinet da der große Fels mit den alten Mauern des **Wörtherschloßes**, und dem steinernen **Kreuz**; rückwärts die ganze obere Gegend bis zur Stadt Grein hinauf, und von weiten das Schloß Greinburg.

Auf der vierten der Strudel gegen Mittag, auf einer Seite die Gegend bis Grein auf der andern das Schloß **Struden**, und das gegenüber gelegene Dorf **Hößgang**. *

Die fünfte stellt den **Wirbel** sammt den **Hausstein** gegen Morgen so vor, wie sie den Hinabfahrenden in die Augen fallen. Am linken Ufer sieht man das Schloß und den Markt **Struden**, die Mauern von einem alten Festungsthurm,

---

* Die zwei Prospekte vom Strudel auf der 3ten und 4ten Kupferblatte sind bei frinem, die vom Wirbel auf der 5ten und 6ten bei großem Wasser gezeichnet worden.

thurm, und unterhalb des Wirbels die Kirche und den Ort St. Nikola. Am rechten einige Häuser des Dorfes Hößgang und dem Luegkanal.

Die sechste den Wirbel und den Hausstein gegen Abend, wie beide den Hinauffahrenden zu Gesichte kommen.

Die siebente stellt auf der untersten Abtheilung den größtentheils gereinigten **Strudel**, und das viel gerader, als zuvor laufende Wörtherufer vor; die punktirten Linien zeigen innerhalb des Stroms die dermalige Naufahrtslinie, und auf dem selfigten Ufer die Richtung des herzustellenden Hufschlags vor. Die fünf quer durch den Fluß gezogenen Linien beziehen sich auf die fünf **Profille**, welche in eben so vielen besondern Abtheilungen oberhalb des Grundrißes nach genauer Sondirung aufgetragen sind, und die wahre Tiefe der ißigen sowol, als der vorigen Strudelfelsen anzeigen.

Auf der Vignette des Tittelplattes wird die Ansicht des großen **Wörtherfelsens** gegen Morgen, und des Gebürges am linken mitternächtigen Ufer, zugleich auch ein Profil vorgestellet, welches von den **Bombengehäckelt** durch den **Strudel**, durch die ganze Höhe des großen Roßkopfs, und durch die **Wörtherinsel** hindurch gehet. Am Fuß des Wörtherfelses sieht man, die zum Unterstand der Arbeiter im Winter erbaute **Hütte**, und nächst daran ein Schmidswerkstadt zur Beschleunigung der Winterarbeiten. Auf dem jenseitigen Gebürge sind zwei Wege, davon einer über den Schloßberg, der andere am Fuß dieses Berges nach den Markt Struben führet.

Die dem Text eingeschaltete Vignetten werden ohnehin an ihrem Orte erkläret.

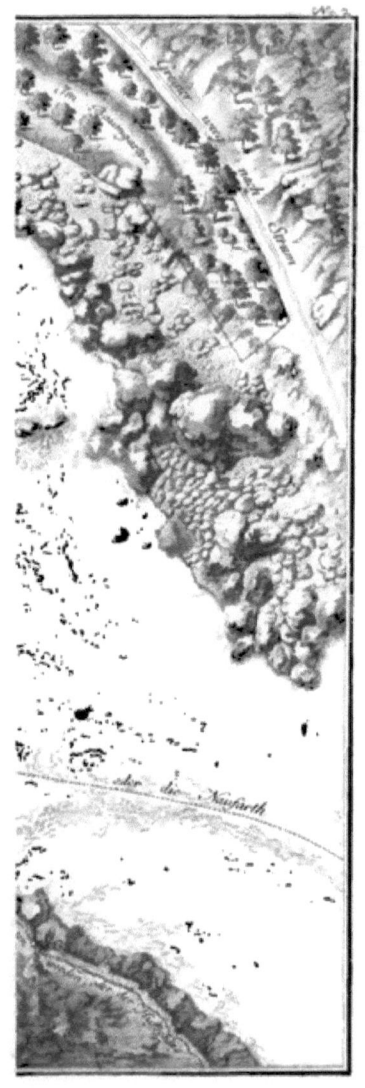

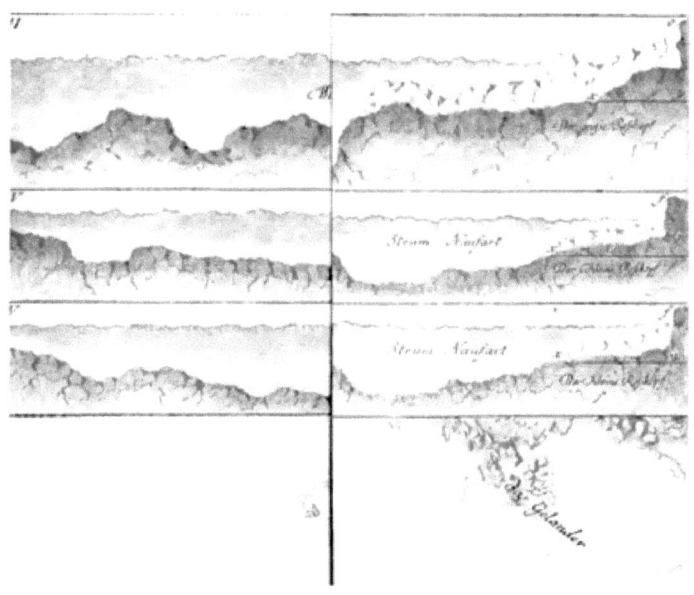